Einladung zum Glück

Bolam, Christine:
Einladung zum Glück –
Eine Reise in sieben Schritten

info@j-kamphausen.de

Lektorat: Chandravali Schang
Typografie und Satz: KleiDesign
Umschlag-Gestaltung:
Wilfried Klei
Druck & Verarbeitung:
Westermann Druck Zwickau

www.weltinnenraum.de

1. Auflage 2003
Die Deutsche Bibliothek – CIP-Einheitsaufnahme

Ein Titelsatz für diese Publikation
ist bei der Deutschen Bibliothek erhältlich

ISBN 3-933496-73-X

Christine Bolam

Einladung zum Glück

Eine Reise in sieben Schritten

Mit Zeichnungen der Autorin

Für

Ernst und Irme

–

here,

there and

everywhere.

Eine Einladung

Nichts schieben wir so gerne auf wie das Glück.
Es gibt immer einen Grund, *nicht* glücklich zu sein, und wenn das Glück eine Begründung brauchte, um zu erscheinen, hätte es in unserer Welt keine Chance. Doch in Wirklichkeit ist Glück der Grundstoff, aus dem alles – wir, die Welt, das Universum – gebildet ist. Das haben bislang nur wenige Menschen gewusst und noch weniger sind so weit gelangt, dieses Wissen in ihrem Leben zu verwirklichen und eins mit dem Glück zu werden.
Die Zeiten haben sich jedoch geändert. Die Einsicht in das Wesen des Glücks und seine Präsenz in allem, was ist, steht jetzt jedem zur Verfügung, und das nicht ohne Grund: Nie war so klar zu erkennen, dass wir uns weder auf die Zukunft noch auf unsere Sicherheit verlassen können. Wer hofft, irgendwann einmal die richtigen Bedingungen für das Glück vorzufinden, kann gleich auf es verzichten. Es ist hier und jetzt – oder gar nicht.
Ich möchte Sie einladen, für sich selbst herauszufinden, dass das Glück großzügiger und bedingungsloser ist als Sie vielleicht dachten. Es ist immer bei Ihnen, bereit, von Ihnen entdeckt zu werden –, und wenn Sie dieses Buch als Wegweiser für Ihre Entdeckungsreise nutzen, kann es Ihnen auf jeder Seite begegnen.

Die Suche nach dem Glück

Alle Menschen streben nach dem Glück. Jeder wünscht sich ein Leben voller Zufriedenheit, Sicherheit und Freude. So verschieden die Lebenswege auch aussehen mögen, letzten Endes werden sie alle von der Sehnsucht nach dem Glück bestimmt.

Dieses Glücksstreben äußert sich bei den verschiedenen Menschen auf unterschiedlichste, für andere manchmal ganz undurchschaubare Weise.

Viele scheinen genau das Gegenteil von dem zu tun, was sie glücklich machen könnte. Andere scheinen alles zu haben, was sich ein Mensch nur wünschen könnte, und sind trotzdem unglücklich. Manche erleben kurze Glücksmomente, die sich nur zu schnell wieder verflüchtigen, und einige haben zwar ein tiefes Glück gekannt, doch der unerbittliche Lauf der Welt hat es ihnen früher oder später genommen.

Gibt es so etwas wie ein bleibendes Glück, oder ist es etwas, das wir immer nur im Vorbeifliegen erhaschen können? Ist es überhaupt möglich, ein glücklicher Mensch zu sein?

Doch, das muss möglich sein – warum sonst sollten alle Menschen immer wieder danach streben? Hätte die Menschheit nicht inzwischen nach Jahrtausenden der Glückssuche begriffen, dass sie einem Schatten hinterherjagt?

Im täglichen Leben äußert sich die Suche nach dem Glück als der Wunsch, erfolgreich zu sein. Das kann, je nach Sichtweise, Verschiedenes bedeuten. Manchen geht es um beruflichen Erfolg, anderen ist es wichtiger, eine gut funktionierende Beziehung zu haben. Erfolg kann heißen, anerkannt zu werden, beliebt zu sein, sich alle materiellen Wünsche erfüllen zu können oder das Gefühl zu haben, die Welt liege einem zu Füßen. Aber letzten Endes bedeutet Erfolg, glücklich zu sein – und der größte Erfolg wäre es wahrscheinlich, permanent glücklich zu sein. Warum wird etwas, das allen Menschen ohne Ausnahme so wichtig ist, nicht in der Schule unterrichtet?

Erste Stunde: Erfolgskunde.
Zweite Stunde: Wie ich ein glücklicher Mensch werde.
Dritte Stunde: Drei glückliche Menschen und ihr Leben.

Denn die Wahrheit ist: Glück kann man lernen. Das ist der Grund für dieses Buch – es gibt Ihnen Nachhilfeunterricht im Glücklichsein. Es stellt Ihnen einen Weg zur Verfügung, Ihren eigenen, individuellen Weg ins Glück. Es hilft Ihnen, besser zu verstehen, was es mit dem Glück und dem Erfolg auf sich hat und wie Sie in Ihrem Leben glücklicher werden können. Es nimmt Sie mit auf eine Reise rund um das Glück – jeder Schritt eine andere Station, ein anderer Blickpunkt. Nach einer allgemeinen Betrachtung über das Wesen von Erfolg und Scheitern wird die Reise Sie an eine Art Treppe mit sieben Stufen führen, und Sie werden eingeladen, diese Stufen hinaufzusteigen.
Die sieben Stufen zum Glück werden Ihnen gar nicht so fremd vorkommen: Was Sie mit jedem Schritt lernen können, gehört zum Wissensschatz der Menschheit und ist seit langem bekannt. Bei einigen Schritten werden Sie sogar das Gefühl haben, sie seien speziell für Sie beschrieben: Alles passt genau auf Ihre eigene Situation. Andere Kapitel enthalten wichtige Informationen, die aber im Augenblick nicht relevant für Sie sind. Es wird viele Aha-Erlebnisse geben und wenn Sie das Buch beendet haben, werden Sie vieles mit neuen Augen sehen. Allein dadurch

kann sich Ihr Leben verändern. Sie können glücklicher werden. Wenn der Glücks- und Erfolgsunterricht jemals an den Schulen eingeführt wird, könnte dieses Buch als Lehrbuch für Anfänger und Fortgeschrittene dienen.

Wenn Sie sich allerdings entscheiden, nicht nur Informationen zu sammeln, sondern die Schritte wirklich selbst zu gehen, werden Sie nach und nach erfahren, dass Ihr Leben viel weiter, reicher und abenteuerlicher ist, als Sie sich je erträumt hätten. Ihr Leben ist ein Kunstwerk, das Sie jeden Tag mit Ihrem Tun und Sein gestalten.

Eure Herzen kennen im Stillen
die Geheimnisse der Tage und Nächte.
Aber eure Ohren dürsten nach den Klängen
des Wissens in euren Herzen.
Ihr wollt in Worten wissen, was ihr in Gedanken
immer gewusst habt.
Ihr wollt mit euren Händen
den nackten Körper eurer Träume berühren.
Und das ist gut so.
Die verborgene Quelle eurer Seele muss unbedingt
emporsteigen und murmelnd zum Meer fließen;
und der Schatz eurer unendlichen Tiefen
möchte euren Augen offenbar werden.

Khalil Gibran

Sieben Schritte sind vorgegeben, doch als echte Abenteuerreisende werden Sie bald immer wieder vom Wege abweichen, um eigene Pfade zu entwickeln. Die Beschreibung der einzelnen Stufen wird zu einer Landkarte, die auch die umgebende Wildnis erahnen lässt und zu ihr einlädt. Wer die ungefähren Eigenschaften des Terrains kennt, kann sich seinen eigenen, ihm entsprechenden Weg bahnen. Jeder Mensch ist anders. Jeder Er-

folgsweg ist anders. Und wahres Glück ist erst möglich, wenn diese Tatsache gewürdigt wird.
So kann dieses Buch zu einem Wegweiser für den eigenen, individuellen Weg werden – denn erst wenn das Glück zu etwas Innerem, etwas ganz Individuellem geworden ist, hängt es nicht mehr von festen Bedingungen wie guten Zeugnissen, sicheren Lebensumständen, vollen Konten und gesellschaftlicher Anerkennung ab (obwohl es all diese Faktoren einschließen kann).

Nun möchte ich noch einige Begleiter und Begleiterinnen vorstellen, die Ihnen auf dem Weg in das Mysterium des Glücks freundschaftlich zur Seite stehen werden:
Da wäre zunächst eine Truppe freundlicher Mitreisender, die ich gerne als „gute Geister" vorstellen möchte. Sie sind die Träume, Eingebungen und so genannten Zufälle, die uns auf dem Pfad zum Glück als individuelle Wegweiser dienen und sicherstellen, dass unser Weg wirklich der *eigene* ist – anders als jeder andere, unvergleichlich und reich.
Wie Sie lernen können, diese inneren Wegweiser besser wahrzunehmen, wird große Teile des Buches ausmachen.

Außerdem werden sich im Verlauf des Buches allerlei Gefährten zu uns gesellen, die den Weg ins Glück auf ihre eigene Weise gegangen sind oder noch gehen. Teilnehmer/innen aus meinen Kursen und die verschiedensten Zeugen und Zeuginnen aus Literatur, Philosophie, Religion, Wissenschaft und Kunst berichten auf ihre Weise über die Facetten menschlichen Glücks, und in den alten Volksmärchen kommt die Weisheit unserer Vorfahren zum Tragen. Ich habe sie auf unseren Weg eingeladen und einige sind prompt erschienen und haben hier einen Satz, dort eine Geschichte eingefügt.

Die Reiseleitung habe ich selbst übernommen, wie sich das für eine Autorin geziemt. Wenn Sie nach Beendigung des Buches weitere Hinweise suchen, können Sie sich gerne an mich wenden. Auch Vorträge und Seminare zu den sieben Schritten sind geplant. Über den Kamphausen-Verlag oder meine Website (www.cbolam.com) können Sie mich erreichen und mehr über weitere Projekte erfahren.

Nun wünsche ich Ihnen viel Entdeckerfreude beim Lesen, Lernen und Leben.

Ihre Christine Bolam

Was ist Erfolg?

In der Vorstellung der meisten Menschen ist das Glück immer nur im Doppelpack erhältlich: „Glück und Erfolg". Zuerst müssen wir mit unserem Streben erfolgreich sein, dann kommt das Glück. Ohne Anstrengung kein Erfolg und ohne Erfolg kein Glück: „Es wird einem ja schließlich nichts geschenkt."
In dieser allgemein verbreiteten Sichtweise ist das Glück so eng an den Erfolg gekoppelt, als gehörten sie untrennbar zusammen. Zuerst kommt der Erfolg, und dann sind wir glücklich. Wenn wir also das Geheimnis des Glücks ergründen wollen, müssen wir zuerst verstehen, was es mit dem Erfolg auf sich hat.

Was genau ist eigentlich Erfolg?
„Erfolg“, erklärte eine meiner klugen Bekannten, „ist, was folgt.“
Das scheint logisch: Man arbeitet, strengt sich an, setzt sich ein Ziel, macht – wenn's gut geht – alles richtig und mit ein bisschen Glück folgt der Erfolg. Dann ist man angekommen. Man hat es geschafft und kann sich auf seinen Lorbeeren ausruhen. Da sitzt man dann und freut sich.

Erfolg ist etwas Schönes, jeder möchte ihn gerne haben.
Wer Erfolg hat, kann froh sein, denn er oder sie hat das schöne Haus, das viele Geld, den Swimmingpool, die gut gehende Firma, die glückliche Beziehung, das dicke Bankkonto, die Anerkennung, den Ruhm und das gute Leben. Wer Erfolg hat, ist glücklich.

Vom ersten Lebenstag an werden wir zum Erfolg angehalten: Wenn du erst einmal krabbeln kannst! Wenn du erst einmal gehen kannst! Wenn du erst einmal dein erstes Wort sprichst! Wenn du erst einmal aufs Töpfchen gehst – und dann ganz alleine auf das große Klo!
Viele Eltern können die Wachstumsschübe ihres Sprößlings kaum abwarten. Und belohnt wird immer das Neue, das Besondere. Wenn Klein-Eva zum ersten Mal mit dem Löffel isst, ohne zu kleckern, jubelt die ganze Familie. Doch schon am nächsten Tag ist es selbstverständlich, und ein neues Ziel wird angestrebt. Wie wäre es mit Messer und Gabel?

Erfolge halten nicht lange an – das lernen wir schon, wenn wir noch in den Windeln sind. Dabei ist es ganz natürlich für ein Kind, sich immer weiter zu entwickeln. Es braucht keine besondere Aufforderung oder Belohnung. Das Lernen selbst ist ihm Freude genug.

Für Kinder ist Erfolg kein Thema. Sie leben in der Gegenwart und brauchen keine Karotte in der Zukunft, die sie dazu bringt, Worte zu üben, Türme aus Bauklötzen zu bauen und sich immer wieder auf die Füße zu stellen, selbst wenn sie schon achtzigmal hingefallen sind. Man kann es auch so ausdrücken: Kinder brauchen die Vorstellung nicht, dass das, was sie tun und lernen, in irgendeiner ungewissen Zukunft mit „Erfolg" belohnt wird – sie tun es, weil sie es *müssen,* weil alles in ihnen danach strebt, zu spielen und sich zu entwickeln. Doch irgendwann kommt der Moment, wo die mögliche Belohnung wichtiger wird als das Tun selbst – und schon ist das Streben nach Erfolg geboren.

Diese Jagd nach einem Glück, das nie in der Gegenwart erlebt wird, ist das Wesen dessen, was ich Bedürfnis oder Bedürftigkeit genannt habe. Es ist das Erleben einer Unersättlichkeit, die niemals satt werden kann, weil ihre Sättigung prinzipiell auf die Zukunft vertagt wird. Kinder wissen es oft besser: Wenn sie spielen, macht sie das Spiel restlos glücklich. Wenn dagegen Erwachsene Fußball spielen, muss die Hälfte von ihnen „geschlagen" werden.
Viele Menschen sind heute unglücklich, weil sie nicht in der Gegenwart, im Schaffen selbst, in der Liebe zum Handeln, Freiheit und Glück erleben, sondern erst in der „Belohnung", die danach folgen soll, ihr Glück suchen.

Pietro Archiati, *Macht oder Menschlichkeit*

Gehen wir doch einmal mit in die Schule: Hier wird Erfolg an Zensuren gemessen, an Zeugnissen, Leistungen, gutem Betragen. Die Kinder lernen, dass Erfolg etwas mit Vergleichen zu tun hat. Wer bessere Zensuren schreibt als die anderen, hat mehr Erfolg. Das Team, das beim Volleyball gewinnt, ist erfolgreich. Wer schneller rechnen, schöner schreiben, besser lesen kann, gewinnt den großen Preis – die Eins, das Lob, die Anerkennung. Spätestens zu diesem Zeitpunkt müssen alle feststellen, dass es fast immer jemanden gibt, der besser, schneller, schöner ist als sie selbst.

„Erfolg", sagt eine andere, nicht minder kluge Freundin, „haben immer die anderen."

Ist Ihnen das auch schon aufgefallen? Nein? Dann machen Sie doch schnell mal eine Übung: Zählen Sie fünf erfolgreiche Menschen auf, die Ihnen spontan einfallen.

Schreiben Sie die Namen auf einen Zettel.

Und nun lassen Sie mich mal schauen – ist Ihr Name dabei?

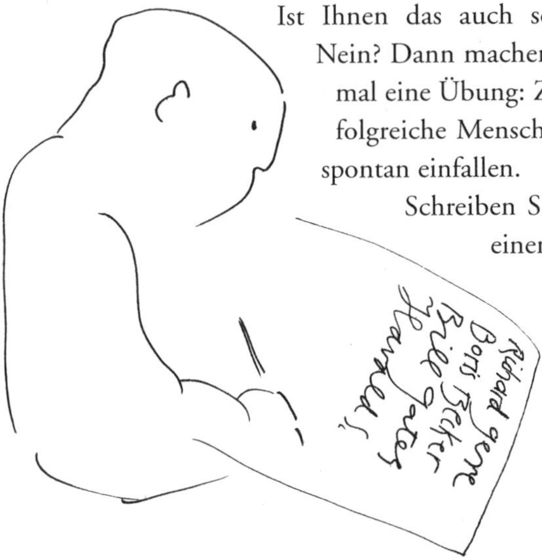

Ach, etwa nicht? Das erstaunt mich gar nicht.
Die meisten Menschen glauben, in ihrem Leben nicht wirklich erfolgreich zu sein – selbst wenn es für die anderen so aussieht, als wären sie es. Sie wissen schon: „Erfolgreich sind immer die anderen."

Wenn also jeder gerne erfolgreich sein möchte, Erfolg aber etwas ist, das entweder in der Zukunft liegt oder das immer nur die anderen haben, gibt es mehrere Möglichkeiten:

- Entweder man strengt sich trotzdem an – um zu erleben, dass nach der Freude über die gute Zensur oder die Gehaltserhöhung leider schnell wieder alles beim Alten ist: Nach dem Erfolg ist vor dem Erfolg! Das Leuchten verschwindet, der Applaus verstummt, das freudige Gefühl löst sich auf und es bleibt einem nichts übrig, als weiterzumachen, sich anzustrengen, zu ackern und zu üben.

- Oder man gibt irgendwann auf: „Ach, Erfolg – das ist nichts für mich. Ich bin froh, wenn ich meine Miete zahlen kann. Sollen die anderen sich doch abrackern!“ Man ist „Realist“, hat sich die überzogenen Vorstellungen abgeschminkt und steht mit beiden Füßen auf der Erde. Vielleicht ist das Leben etwas grauer, etwas enger geworden und manchmal fragt man sich, warum man morgens überhaupt aufsteht – aber irgendjemand muss ja die Arbeit erledigen.
- Die dritte Möglichkeit ist, zum Träumer zu werden: Dann steht der nächste Erfolg immer gerade vor der Tür und es gibt so viele tolle Ideen, Möglichkeiten und Pläne! Alles, was man anfasst, wird zu Gold – demnächst, wenn die Sache klappt! Alles ist so aufregend – und alles findet nur im Kopf statt. Vielen ist das genug. Ein Plan, der sich nicht an der Realität zu messen braucht, kann schließlich nie scheitern. Wenn sich ein Traum nicht erfüllt, ist sofort der nächste da, und in der Fantasie gibt es keine Grenzen, keinen Vergleich, keine Konkurrenz...

Ja, höre ich Sie fragen, ist denn jeder Erfolg letztendlich zum Scheitern verdammt? Gibt es gar keine Möglichkeit, glücklich zu sein? Wozu soll ich dann dieses Buch lesen?

„Erfolg entsteht oft aus dem Verstehen eines Scheiterns.“

Harry Palmer, *Das Thoughtstorm Handbuch*

Doch, bleiben Sie dabei! Wenn Sie die Gesetze von Erfolg und Scheitern verstehen, können Sie neue Wege beschreiten, die Sie zu wahrem Glück führen.

Die Gesetze von Erfolg und Scheitern

Zur Einführung in das Thema dieses Kapitels möchte ich eine typische Erfolgsstory unserer Zeit vorstellen. Genauer gesagt: eine Geschichte über Erfolg und Scheitern.

Es waren einmal ein Fischer und seine Frau, die wohnten in einer schäbigen Hütte (O-Ton Brüder Grimm: in einem Pisspott) nahe am Meer. Der Fischer ging jeden Tag angeln, und er angelte und angelte.

Eines schönen Tages fing er einen riesigen Butt, der war so schwer, dass er ihn kaum an Land ziehen konnte. Und der Butt sprach ihn an und sagte: „Hör zu, Fischer, ich bin ein verwunschener Prinz und würde dir sicher nicht besonders schmecken. Wirf mich wieder ins Meer und lass mich leben."

„Nun", sagte der Mann, „du brauchst keine großen Worte zu machen. Einen Butt, der sprechen kann, lasse ich gerne frei", und setzte ihn wieder ins Wasser. Der Fisch tauchte unter und verschwand, und der Fischer ging zurück zu seiner Frau, die in ihrer schäbigen Hütte schon auf ihn gewartet hatte.

„Mann, hast du nichts gefangen?"

„Nur einen Butt. Aber der war ein verwunschener Prinz, da habe ich ihn wieder freigelassen."

„Hast du dir denn gar nichts gewünscht?" entrüstete sich die Frau, „geh zurück und sag dem Fisch, ich will ein ordentliches Haus."

Der Fischer zog zum Strand, rief dort den Butt und trug ihm den Wunsch seiner Frau vor. „Geh nur heim", sagte der, „ihr Wunsch hat sich erfüllt." Und wirklich – als er zurückkam, saß seine Frau schon vor dem neuen Haus, winkte ihm zu und schien sehr zufrieden.

Doch schon ein paar Tage später war ihr das Haus nicht mehr gut genug. Sie schickte ihren Mann wieder an den Strand, und weil er seinen Frieden wollte, gab er widerstrebend nach. So erhielt sie nach und nach eine Villa, ein Schloss, einen Palast, wurde dann auch noch Kaiserin und schließlich Päbstin. Alles nicht genug! Nun wollte sie der liebe Gott werden!
Als ihr Mann kleinlaut vor dem Butt erschien, schäumte das Meer, Blitze zuckten über den Himmel und da war ein Brausen und Donnern, dass er schier sein eigenes Wort nicht hören konnte. Verzweifelt schrie er gegen den Tumult an und rief den Butt ein letztes Mal zu sich.
„Was will sie denn nun noch?", fragte der.
„Ach", sagte der Fischer, „jetzt will sie werden wie Gott."
„Geh nur heim", entgegnete der Butt, „sie sitzt wieder in dem Pisspott."
Und da sitzen sie bis zum heutigen Tage.

Wer die Geschichte hört, weiß natürlich genau, wo der Hase im Pfeffer liegt: Kann die Frau denn nicht endlich Ruhe geben? Sie hat doch alles, was sie braucht. Irgendwann muss mal Schluss sein. Warum ist sie nicht endlich zufrieden? (Und warum spricht ihr Mann nicht endlich ein Machtwort? So ein Waschlappen! ... aber das ist ein anderes Thema).

„Was“, werden andere sagen, „das soll eine moderne Erfolgsstory sein? Ist doch nur ein altes Märchen und hat mit mir nichts zu tun.“

Doch wenn man etwas genauer hinschaut, ist der Vergleich mit unserem heutigen Leben gar nicht so weit hergeholt, wie es zuerst scheinen mag: Den meisten erscheint es ganz normal, immer weiter aufsteigen zu wollen und sich immer mehr zu „verbessern“. Besser, schneller, schöner muss es sein. Zuwachs, Fortschritt, Umsatzsteigerung, Wirtschaftswachstum – lauter vertraute Begriffe. Entwicklung wird gleichgesetzt mit Verbesserung, das Alte mit dem Unvollkommenen, das Neue mit dem Vollkommeneren. Doch genau wie im Märchen gehören auch Absturz, Börsenkrisen, steigende Staatsverschuldung, Inflation oder Deflation, Entlassungen, Arbeitslosigkeit, Armut, Hungersnöte und Kriege mit ins Bild dieser Welt.

Ja renn nur nach dem Glück
Doch renne nicht zu sehr
Denn alle rennen nach dem Glück
Das Glück rennt hinterher.

Bertold Brecht

Das Leben im Palast und im Pisspott. Das Auf und Ab menschlichen Strebens.
Gewinn und Verlust.
Erfolg und Scheitern.
Zwei Seiten derselben Münze, und die Münze heißt Illusion.
Die Illusion beruht auf der Vorstellung, dass uns die Erfüllung unserer Pläne und Wünsche in der Zukunft glücklich machen wird.
Im Moment sind die Dinge zwar noch etwas schwierig, der Himmel ist grau – aber bald werden wir Erfolg haben, und dann werden wir glücklich sein.

Und diese Vorstellung soll eine Illusion sein? Es gibt also gar kein Glück in der Zukunft? Was bleibt uns denn dann noch, nach dem es sich zu streben lohnt und auf das wir uns freuen können?
Also gut, nun geht es zur Sache – sind Sie bereit? Dann atmen Sie dreimal tief durch und spitzen Sie die Ohren.
Hier kommt das Geheimnis von Glück und Erfolg:

Selbst wenn sich unsere Wünsche erfüllen,
werden wir nicht automatisch zu glücklichen Menschen.
Warum?
Wir haben es nicht gelernt, glücklich zu sein,
sondern wir kennen nur das Streben nach Glück und Erfolg.

Wir brauchen also nicht zu lernen, glücklich zu *werden,* sondern wir können lernen, glücklich zu *sein!* Jetzt, in diesem Augenblick – und im nächsten, und in dem danach. Dann sind wir Experten im Glücklichsein, und wenn der Erfolg kommt, sind wir darauf vorbereitet, weil wir das Wichtigste schon gelernt haben: Wir wissen schon, wie es geht, ein glücklicher Mensch zu sein.
Und das Schönste an der Sache ist: Plötzlich sind wir unabhängig von Erfolg oder Scheitern! Plötzlich ist es egal, ob wir es in der *Zukunft* schaffen, erfolgreich zu sein, denn glücklich sind wir schon *jetzt.*

Unser Glücksgefühl dient uns als Maßstab für Erfolg:
Nur Erfolge, die uns glücklich machen,
bedeuten uns wirklich etwas.
Also wäre es der größte Erfolg, einfach glücklich zu sein.

Nun denken Sie vielleicht, dass es sich dann gar nicht mehr lohnt, auf Ziele hinzuarbeiten, Erfolg anzustreben, sich glückliche Beziehungen zu wünschen oder seine Fähigkeiten zu erweitern. Wozu denn auch? Sie sind ja schon glücklich.

Doch die Idee, dass ein glücklicher Mensch ziel- und antriebslos in einer Art Schlaraffenland herumsitzt, vor sich hinlächelt und Däumchen dreht, entstammt der falschen Vorstellung, dass wir die Glückskarotte vor der Nase brauchen, um motiviert zu sein. Diese Vorstellung stammt aus einer Welt, in der Milliarden von Menschen nicht ihrer Leidenschaft und ihren Talenten folgen, sondern nur für eine Belohnung in der Zukunft leben, hoffen und arbeiten. Halbherzig und unglücklich leben und arbeiten. Sich in der Hoffnung auf einen möglichen zukünftigen Erfolg (oder den Urlaub) jeden Morgen an ihren Arbeitsplatz schleppen. Abends stundenlang am Telefon sitzen und warten, dass *er* oder *sie* endlich anruft. Von einem besseren Leben träumen.

Wirklich erfolgreiche Menschen wissen, dass wahrer Erfolg immer auf der Lust am Leben, Schaffen und Entdecken basiert. Erfolg ist, wenn man glücklich mit dem ist, was man tut. Erfolg ist, wenn man glücklich mit sich selbst ist. Erfolg ist, wenn man sich selbst und seine eigenen Talente auf individuelle Weise ausdrückt. Erfolg ist, wenn man harte Arbeit, Beziehungskrisen, Konflikte und Veränderungen als Herausforderungen sieht, an denen man sich beweisen kann. Erfolg ist, wenn man die Lust kennt, Schwierigkeiten zu meistern. Erfolg ist, wenn man Träume, die sich nicht erfüllen, loslassen kann – und neue Träume träumt. Erfolg ist, wenn man dankbar über jeden neuen Tag ist. Erfolg ist, wenn man mit sich selbst einverstanden ist.

Erfolg ist, wenn man glücklich ist.

Ein glücklicher Mensch fühlt sich immer erfolgreich. Ob irgendwann auch äußere Erfolge in Form von Geld, Liebe, Anerkennung, Ruhm usw. dazukommen, ist dann sekundär. Wer glücklich ist, strebt nicht mehr nach dem Erfolg in der Zukunft, sondern erlebt sich in jeder Situation als erfolgreich. Es ist allerdings auch bekannt, dass glückliche Menschen viel eher mit äußeren Erfolgen rechnen können – sie sind kreativer, authentischer, entspannter, flexibler, beliebter und anregender und können auch mit Widerständen, Krisen und Rückschlägen besser umgehen. Sie sehen, es lohnt sich, glücklich zu sein. Jetzt.

An das Ende seines berühmten Buches „Anleitung zum Unglücklichsein“ stellt der Psychologe Paul Watzlawick ein Zitat von Dostojewski: *„Der Mensch ist unglücklich, weil er nicht weiß, dass er glücklich ist. Nur deshalb. Das ist alles! Wer das erkennt, der wird gleich glücklich sein, sofort, im selben Augenblick ...“* und schließt das Buch mit dem Satz: *So hoffnungslos einfach ist die Lösung.*

Also: Herzlichen Glückwunsch. Sie sind schon glücklich!
Doch ich sehe, Sie haben das Buch noch nicht zur Seite gelegt. Es reicht Ihnen anscheinend nicht, zu wissen, dass Sie jetzt schon glücklich sind. Sie wollen mehr erfahren.
Keine Sorge, damit sind Sie nicht allein. Das Verständnis, schon längst glücklich zu sein, nützt uns wenig. Wir wollen uns wirklich glücklich *fühlen.* Wir wollen uns darauf verlassen können. Wir wollen wissen, dass uns das Glück auch in Krisen nicht abhanden kommt.

Es gibt zwei Wege, die Ursache für Glück schaffen.
Der erste ist äußerlich. Durch eine bessere Unterkunft,
bessere Kleidung und bessere Freunde können wir
ein gewisses Maß an Glück und Zufriedenheit finden.
Der zweite Weg besteht in geistiger Entwicklung,
die inneres Glück hervorbringt.
Diese beiden Vorgehensweisen sind jedoch
nicht gleichermaßen zweckdienlich.
Äußeres Glück kann nicht lange ohne sein Gegenstück andauern.
Wenn etwas in unserem Herzen fehlt, können wir
auch trotz luxuriösester Umgebung nicht wirklich glücklich sein.
Wenn wir jedoch geistigen Frieden haben, können wir Glück
auch unter schwierigsten Umständen finden.

Dalai Lama, *Der Weg zum Glück*

Der Dalai Lama spricht davon, dass inneres Glück aufgrund einer geistigen Entwicklung entsteht, während Paul Watzlawick behauptet, dass wir schon in diesem Augenblick glücklich sind. Wer hat denn nun Recht? – Beide haben Recht!

Wir sind schon glücklich, müssen aber auch lernen, glücklich zu sein. Wir müssen lernen, dass wir schon glücklich sind. Dieses Paradox ist allen Lehren zur menschlichen Entwicklung wohlbekannt: Die einen betrachten die Entwicklung in das Glück als einen Weg des Lernens, der seine Zeit braucht, die anderen versuchen, den Menschen die Einsicht zu vermitteln, dass es nichts zu lernen gibt. Das Glück ist schon da!

Mit beiden Sichtweisen habe ich meine Erfahrungen gemacht und bin zu dem Schluss gekommen, dass das Glück zwar wirklich schon da ist, wir aber meistens eine Weile Nachhilfeunterricht brauchen, um es auch zu erleben. Das Himmelreich ist hier und jetzt – aber wenn wir uns die Welt und unser eigenes Leben ansehen, können wir das oft nicht glauben. Und wir *müssen* es nicht glauben. Wir können uns die Zeit nehmen, uns zu entwickeln, unsere Wahrnehmung zu klären und irgendwann mit Gewissheit zu spüren, dass uns das Glück schon längst gehört.

Wir können uns entscheiden, *jetzt* glücklich zu sein, und dann erforschen und ergründen, warum es uns nicht immer gelingt. Auf diese Weise entdecken wir, was unserem Glücklichsein im Wege steht und können die Ärmel hochkrempeln, um es auszuräumen: Die *Sieben Schritte zum Glück* führen Sie auf den Weg, Ihr volles menschliches Potenzial zu entdecken, zu befreien und zu leben, heute, morgen und jeden Tag.

Die sieben

Schritte

1

Der Schritt in die Gegenwart

Nichts ist je in der Vergangenheit geschehen;
es geschah im Jetzt.
Nichts wird je in der Zukunft geschehen;
es wird im Jetzt geschehen.

Eckhart Tolle

Haben Sie schon einmal versucht, sich in der Zukunft die Haare zu kämmen, ein Brötchen zu essen oder Auto zu fahren? Genau – es geht nicht. Alles, was wir tun, tun wir in der Gegenwart. Selbst unsere Zukunftspläne schmieden wir in der Gegenwart, und falls wir sie je verwirklichen, dann geschieht auch das in der Gegenwart.

Die Vergangenheit ist eine Ansammlung von Erinnerungsspuren in unserem Gehirn und unserem Körper, die von verschiedenen individuellen Faktoren beeinflusst und geprägt wird. Das wird deutlich, wenn man mehrere Menschen bittet, sich an ein gemeinsam erlebtes Ereignis zu erinnern: Jeder Rückblick wird anders ausfallen.
Die Zukunft hingegen ist eine Spekulation, die auf unserer jeweiligen Vergangenheit gründet. Wenn wir uns zukünftige Ereignisse vorstellen oder zukünftige Unternehmungen planen, dienen uns unsere vergangenen Erfahrungen als Bausteine. Wir stellen uns Dinge vor, die wir schon kennen, Häuser, Menschen,

Tag und Nacht, uns selbst als handelnde Wesen. Und selbst unsere Träume (wach oder schlafend), in denen wir schön, berühmt und erfolgreich sind, mit dem Papst frühstücken oder zu den Sternen fliegen, setzen sich aus schon bekannten Konzepten aus der Vergangenheit zusammen: Vorstellungen von Schönheit, dem Papst, Sternen und Fliegen. Der einzige Punkt, der wirklich real ist, ist die Gegenwart. Aus ihr sind Vergangenheit und Zukunft entstanden und aus ihr entstehen sie jeden Augenblick. Jetzt. Hier.

Welche Macht wohnt diesem Augenblick inne! Alles entsteht aus ihm. Wer das erkennt, wundert sich nicht, dass wir bei unserer Reise mit der Gegenwart beginnen müssen. Nur hier sind die Welt und wir selbst *real*. Nur hier können wir fühlen, denken, lieben, verstehen, handeln und die Dinge bewegen. Nur hier kann wahre Veränderung stattfinden.

Nur, wer nicht in der Zeit,
sondern in der Gegenwart lebt,
ist glücklich.

Ludwig Wittgenstein

In die Gegenwart

Der erste Schritt führt den Reisenden ins Glück deshalb in die Gegenwart. „Aber ich lebe doch in der Gegenwart, wo denn sonst!“, könnten Sie jetzt einwenden. Das ist zum Teil auch richtig. Unser Körper befindet sich stets in der Gegenwart, er ist ein Gefährte des Jetzt. Doch unser Verstand treibt sich indes in der Weltgeschichte herum. Er ist ganz und gar von der Zeit geprägt, träumt in der Zukunft, versucht, die Vergangenheit zu verstehen oder zu ändern, baut grandiose Luftschlösser und lenkt uns mit seinen Spekulationen von der Gegenwart ab. Das ist uns so vertraut, dass wir es meistens gar nicht merken.

Wollen Sie Ihrem Denken einmal bei der Arbeit zusehen? Dann versuchen Sie folgende Übung:

ÜBUNG

- Schließen Sie die Augen und lehnen Sie sich zurück.
- Nun versuchen Sie, fünf Minuten lang an nichts zu denken.
- Spüren Sie einfach nur, dass Sie da sind.
- Nehmen Sie Ihre eigene Gegenwart im Hier und Jetzt wahr.

Konnten Sie aufhören zu denken oder Ihren Denkapparat zumindest bei der Arbeit beobachten? Oder hat der Verstand Ihre Aufmerksamkeit gleich wieder so sehr in Anspruch genommen, dass Sie ihm nicht einmal zuschauen konnten, sondern sofort vergaßen, die Übung zu machen und ihm auf seinen Wegen folgten?

Unser Verstand reist nämlich nicht gerne alleine. Er hat die Angewohnheit, unsere gesamte Aufmerksamkeit mit sich zu nehmen, wenn er sich auf den Weg durch Vergangenheit, Zukunft, Träume und Spekulationen macht. Solange wir uns dessen nicht bewusst sind, ist er der Herr im Hause unseres Lebens. Nicht wir bestimmen, wo es langgeht, sondern er. Er lässt uns nicht mal Zeit, die Koffer zu packen oder uns zu entscheiden, ob wir überhaupt mitziehen wollen! Hops – in die Vergangenheit. Hops – in die Zukunft.

Sind wir mit unserer Aufmerksamkeit dann unterwegs, bleibt in der Gegenwart unser Körper zurück – und eine Menge automatischer Reaktionen.

Erst wenn wir üben, in der Gegenwart bei uns zu sein, merken wir, wie sehr diese automatischen Reaktionen – und nicht unsere bewussten Entscheidungen – unser Leben bestimmen. Sie treten in Kraft, bevor wir überhaupt die Zeit haben, uns zu fragen, was wir eigentlich wirklich wollen. So kann es vorkommen, dass wir wochenlang fast ohne Bewusstsein durch den Tag gehen. Unser eingebauter Autopilot erledigt alle Routinearbeiten selbstständig. Er fährt das Auto, während wir am Steuer sitzen, Radio hören und uns unterhalten. Er weiß auch nach einem langen Sommer noch, wie man Schi fährt, und morgens erledigt er das Zähneputzen, Haarekämmen und Anziehen wie von

selbst. Er regelt die tausend und abertausend Routinedinge unseres täglichen Lebens, und nur ab und zu, wenn die Situation es erfordert, tauchen wir selbst kurz in der Gegenwart auf.
Oft sind wir tagelang nicht bewusst anwesend.
Für die normalen täglichen Abläufe reicht das auch völlig aus. Doch wenn Sie die Absicht haben, Ihr Leben zu verändern und glücklich zu werden, ist Ihr wichtigstes Instrument der Veränderung Ihr Bewusstsein in der Gegenwart.
Wir hatten ja schon oben festgestellt, dass wahre Veränderung nur in der Gegenwart möglich ist: Nur in der Gegenwart haben wir die Macht, die automatische Steuerung unseres Lebens zu prüfen, zu verändern und neu zu programmieren. Nur in der Gegenwart können wir schöpferisch sein und etwas Neues ausprobieren. Nur in der Gegenwart haben wir irgendeinen Einfluss auf unser Leben. Wer das erkennt und versteht, beginnt die Gegenwart zu schätzen und mehr auf sie zu achten. Es wird ihm – vielleicht mit Schrecken – bewusst werden, wie selten er wirklich anwesend ist. Er wird darüber nachdenken, wie er das ändern kann, und die einzige Möglichkeit, das zu tun, ist, mehr Bewusstsein zu entwickeln, um die Macht der automatischen Prozesse zu brechen.
In der Gegenwart zu sein ist gleichbedeutend damit, bewusst zu sein. Und Bewusstsein ist das Gegengift gegen alle automatischen Handlungen und Lebensabläufe.

Das Leben ist eine Abfolge von Augenblicken.
Jeden bewusst zu erleben ist ein Erfolg.
Corita Kent

Bewusstsein kann wachsen

Nehmen wir einmal an, Sie lassen in Geschäften immer Ihren Regenschirm stehen, obwohl Sie sich schon tausendmal vorgenommen haben, daran zu denken. Die einzige Möglichkeit, es beim nächsten Mal anders zu machen, besteht darin, *in dem Moment, wo Sie den Laden verlassen,* bewusst genug zu sein, um

den Schirm mitzunehmen. Sie brauchen Bewusstsein in der Gegenwart.
Doch selbst wenn es Ihnen erst zu Hause einfällt, ist das schon ein Schritt zu mehr Bewusstsein: In dem Augenblick, wo es Ihnen einfällt, sind Sie bewusst.

Bewusstsein kann wachsen. Mit etwas Übung können Sie immer bewusster werden, und wenn Sie genau überlegen, werden Ihnen die verschiedensten Situationen einfallen, in denen Ihnen etwas bewusst wurde, das Sie vorher immer übersehen hatten. Ihr Bewusstsein ist ein Stück gewachsen.

Dazu eine Geschichte:

1.
Ich gehe die Straße entlang.
Da ist ein tiefes Loch im Gehsteig.
Ich falle hinein.
Ich bin verloren ... Ich bin ohne Hoffnung.
Es ist nicht meine Schuld.
Es dauert endlos, wieder hinauszukommen.

2.
Ich gehe dieselbe Straße entlang.
Da ist ein tiefes Loch im Gehsteig.
Ich tue so, als sähe ich es nicht.
Ich falle wieder hinein.
Ich kann nicht glauben, schon wieder am gleichen Ort zu sein.
Aber es ist nicht meine Schuld.
Immer noch dauert es sehr lange, herauszukommen.

3.
Ich gehe dieselbe Straße entlang.
Da ist ein tiefes Loch im Gehsteig.
Ich sehe es.
Ich falle immer noch hinein ... aus Gewohnheit.
Meine Augen sind offen.
Ich weiß, wo ich bin.
Es ist meine eigene Schuld.
Ich komme sofort heraus.

4.
Ich gehe dieselbe Straße entlang.
Da ist ein tiefes Loch im Gehsteig.
Ich gehe darum herum.

5.
Ich gehe eine andere Straße.

Aus Sogyal Rimpoche,
Das tibetische Buch vom Leben und vom Sterben

So entsteht Bewusstsein.
Ohne Bewusstsein sind wir blind, handeln automatisch und fallen in tiefe Löcher. Wir tun oft Dinge, die uns selbst schaden, und merken es nicht einmal. Doch je größer unser Bewusstsein wird, desto mehr erkennen wir, dass wir eine Wahl haben. Wir sind den automatischen Abläufen nicht mehr ausgeliefert. Wir können um die Löcher herumgehen oder sogar eine andere Straße wählen. Wir können den Regenschirm mit nach Hause nehmen.

Und noch ein wichtiger Aspekt wird in der Geschichte angesprochen: Solange wir ohne viel Bewusstsein durch das Leben treiben, haben wir das Gefühl, den Dingen ausgeliefert zu sein. Wir fallen in Löcher, ärgern uns über das Straßenbauamt, schimpfen über Wetter, Nachbarn, Kollegen oder die Regierung und stolpern verärgert weiter. Das nächste Mal fallen wir wieder hinein. Die anderen sind schuld. Wir schimpfen ...

Bis wir irgendwann merken, dass wir selbst diejenigen sind, die wählen, immer dieselbe Straße entlang zu gehen und blind in das Loch zu stürzen. Und in diesem Augenblick von Bewusstsein können wir beginnen, etwas zu ändern. Wir wachen auf, denken an unseren Regenschirm, schreiben an das Straßenbauamt und entschließen uns, achtsamer zu sein oder eine andere Straße zu benutzen. Wenn wir bewusst sind, können wir aufhören, uns als Opfer der Umstände zu sehen. Wir können die Dinge und unser Leben selbst in die Hand nehmen, jeder auf seine Weise. Wir übernehmen Verantwortung.

Der Rohstoff des Glücks

Nun ist es ja nicht so, als ob Sie völlig verantwortungslos durch das Leben treiben würden – doch die Verantwortung, von der hier die Rede ist, betrifft Ihre Entscheidung, sich selbst um die Qualität Ihres kostbaren und einzigartigen Lebens zu kümmern. In Zentrum Ihrer Reise zu Glück und Erfolg stehen *Sie,* Ihr eigenes Leben. Es stellt den Rohstoff dar, aus dem Ihr Glück gebildet wird. Der Teig, aus dem Sie Ihren Glückskuchen backen, besteht aus Ihren Lebensumständen, Gaben und Eigenschaften, Ihren verborgenen Talenten, Energien und Kräften. Um einen guten Kuchen zu backen, müssen Sie wissen, welche Zutaten Sie zur Verfügung haben. Sie müssen beginnen, sich selbst zu entdecken, zu verstehen und wichtig zu nehmen.

Das Forschungsprojekt *Glück* beginnt mit der Erforschung Ihrer selbst. Sie lernen sich kennen. Es geht darum, die Blickrichtung umzukehren und nicht mehr nach außen, sondern nach innen, auf sich selbst zu schauen.

Die Menschen reisen umher und bewundern
die hohen Berge,
die riesigen Wellen der Meere,
die ausgedehnten Flüsse,
die immensen Ausmaße der Ozeane,
die Kreisbewegungen der Sterne,
doch an sich selbst
ziehen sie völlig unberührt vorüber.

Hl. Augustinus

Damit Sie erfahren, wovon ich hier spreche, und sich nicht auf meine Worte verlassen müssen, ist jetzt ein guter Moment für die erste Übung.

Wenn Sie erst einmal weiterlesen wollen, können Sie die Übung natürlich auch im Anschluss an dieses Kapitel machen. Einige werden sich vielleicht entschließen, das Buch nur zu lesen, ohne die Übungen auszuprobieren – auch gut.

Die Entscheidung, glücklich zu *sein,* fordert allerdings mehr von Ihnen als eine rein mentale Betätigung. Ihr *Wille* ist gefragt, und der erste Schritt, diesen Willen zu schulen, besteht darin, mutig und abenteuerlustig zu sein und das Gelesene und Gelernte auf Ihr Leben anzuwenden. Nur dann wird es zu Ihrer eigenen Erfahrung und nur dann werden Sie selbst zu Experten für das Glück.

ÜBUNG

Diese Übung können Sie auch zu zweit oder zu mehreren machen. Sie können die Anleitung auf eine Kassette sprechen und zum Üben abspielen. Lassen Sie Pausen an den entsprechenden Stellen.

Bleiben Sie der Übung mindestens eine Woche lang treu – allerdings in der Kurzversion. Zehn Minuten sind genug.

Finden Sie einen Zeitpunkt, zu dem Sie regelmäßig und täglich üben können, vielleicht morgens, oder abends vor dem Einschlafen.

Nun die Übung:

- Nehmen Sie sich etwa 20 Minuten Zeit, in denen Sie ungestört sind.
- Setzen Sie sich bequem hin, schließen Sie die Augen und atmen Sie ein paar Mal tief durch.
- Dann beginnen Sie, Ihre Aufmerksamkeit auf sich selbst zu richten.
- Spüren Sie, wie sich der Atem im Körper bewegt, wie sich der Brustkorb hebt und senkt.
- Spüren Sie Ihren Körper so, wie Sie ihn gerade wahrnehmen.
- Ganz gleich, was Sie spüren – Verspannungen, Unruhe, Stille, Gefühle, Wärme, Kälte oder Druck – nehmen Sie alles aufmerksam wahr, ohne irgendetwas zu beurteilen oder zu verändern.
- Stellen Sie sich vor, Sie seien ein interessierter Beobachter, der einfach nur eine innere Bestandsaufnahme macht.
- Wenn es Ihnen hilft, benennen Sie alle Empfindungen und Gefühle, die ihnen begegnen – etwa so: „Druck“, „Herzklopfen“, „Unruhe“, „Traurigkeit“, „Freude“, „Hitze“ ...
- Bleiben Sie aufmerksam.
- Wenn Ihr unruhiger Geist Sie mit sich fortträgt, gehen Sie, sobald Sie es merken, einfach wieder zur einfachen, ruhigen Aufmerksamkeit zurück: „neu beginnen“, „spüren“, „Stille“ – was auch immer erscheint, ohne Urteil.
- Dann kommen Sie langsam zum Ende, recken und strecken sich und öffnen die Augen.

Nehmen Sie sich etwas Zeit, zu spüren, wie Sie sich jetzt fühlen. Was ist anders als vor der Übung?

Haben Sie mit anderen geübt? Wie ist es, einen Augenblick mit dem Innengefühl zu verweilen, ohne gleich loszureden?

Wir beginnen bei uns selbst.
Dort bleibt die Reise aber nicht stehen. Obwohl es wichtig ist, die ersten Schritte wirklich zu *tun,* um selbst zu erfahren, wie es weitergeht, möchte ich hier allen, die Bedenken haben, sich selbst so viel Aufmerksamkeit zu geben („da werde ich ja zum totalen Egoisten“), schon mal einen Ausblick auf die weiteren Stationen des Weges geben. Vielleicht machen einige noch keinen Sinn, doch am Ende des Buches werden Sie wissen, wovon ich spreche:

- Die Zuwendung zu sich selbst in der Gegenwart
- Die Entdeckung Ihrer inneren Welt
- Die Erforschung der inneren Welt und die Einsicht, dass Sie alles in sich tragen, was Sie brauchen
- Sich mit dem, was Sie in sich entdecken, vertraut machen und Ihre verborgenen Fähigkeiten und Talente befreien
- Üben, Ihre Fähigkeiten nach außen zu bringen und im täglichen Leben anzuwenden
- Erweiterung Ihrer Möglichkeiten, Veränderung Ihres Lebens
- Im Frieden mit sich selbst – im Frieden mit anderen
- Die Fähigkeit entwickeln, in jeder Lebenssituation Glück zu finden

Dieser Weg ist so einfach, weil wir ihn dort gehen, wo wir uns am nächsten sind, nämlich in uns selbst. Er ist auch so einfach, weil wir nichts Neues schaffen und nichts Altes loswerden müssen, sondern uns in dem kennen lernen, was wir sind. Sind wir vertrauter geworden mit den inneren Ebenen unseres eigenen Wesens, können wir diese größere Wirklichkeit in allem erkennen, was existiert. In jedem anderen Menschen, in jedem Tier, in jeder Pflanze und auch im Planeten Erde.

Klaus Lange, *Herz, was sagst du mir?*

Was zunächst aussehen mag wie eine Abkehr von der Welt – sich nach innen sich selbst zuzuwenden –, ist in Wirklichkeit der Beginn eines Weges, auf dem Sie die Welt und was sie ausmacht zum ersten Mal in der Tiefe zu erkennen beginnen. Sie wissen plötzlich aus Erfahrung, dass die Welt nicht getrennt von Ihnen existiert und Sie selbst nicht getrennt von der Welt. Dann wird aus der Verantwortung für sich selbst die Verantwortung für das Ganze.

Unser Kapital für Entwicklung

Doch zurück zur Gegenwart.
Wer in der Gegenwart beginnt, sich selbst zu begegnen und klarer wahrzunehmen, gewinnt – hier wieder ein Paradox – größere Nähe zu sich selbst und zugleich größeren Abstand.
Erst wenn Sie in der Gegenwart „bei sich" sind, können Sie Ihren eigenen Körper, Ihre Empfindungen, Gefühle und Wahrnehmungen direkt erleben. Dann sehen, hören, fühlen und spüren Sie wirklich das, was gerade da ist, ohne den Schleier von Gedanken, alten Vorstellungen und Fantasien, der die Gegenwart meistens verhüllt. Das bringt Sie näher zu sich selbst, zu dem, was Sie im jeweiligen Augenblick gerade sind.
Eine solche Nähe zu sich selbst schärft Ihre Wahrnehmung. Sie sind wacher. Ein gewisser Abstand entsteht. Sie sind sich dessen, was Sie sind und was um Sie herum geschieht, bewusster. Und dieser Zuwachs an Bewusstsein bewirkt, dass Sie immer klarer anwesend sind.

Gegenwärtigkeit führt zu mehr Gegenwärtigkeit, Bewusstsein zu mehr Bewusstsein. Und der Zuwachs an Bewusstsein, den die Gegenwart ermöglicht, ist unser Kapital für Veränderung, Entwicklung und Wachstum.
Zudem bewirkt das erweiterte Bewusstsein, dass Sie über die Dinge, die Sie sehen, fühlen und am eigenen Leibe erleben, gleichzeitig reflektieren können. Sie erleben etwas und sind sich gleichzeitig dessen bewusst. Sie selbst sind derjenige, der etwas erlebt und gleichzeitig derjenige, der weiß, dass er oder sie etwas erlebt und bewusst damit umgeht. Das kennen Sie eigentlich

schon längst, denn die Fähigkeit, sich selbst zu reflektieren, ist eine der Grundlagen unseres Menschseins.

Wir existieren und wissen zugleich, dass wir existieren. Wir nennen uns selbst „Ich“ und können über uns selbst nachdenken und reden. Welches Tier kann das schon?

Nur üben und nutzen wir diese Fähigkeit meist viel zu selten. Sie erscheint uns selbstverständlich, wie so viele der wunderbaren, naturgegebenen Eigenschaften, die uns zur Verfügung stehen.

Erst wenn wir etwas verändern wollen, wird uns bewusst, wie sehr wir uns eingeschränkt hatten. Die eingefahrenen Muster reichen nicht, um etwas Neues in Gang zu bringen. Meist stören sie sogar. Wir brauchen Zugang zu allem, was uns sonst noch zur Verfügung steht, und von dem wir gar nicht mehr wussten, dass wir es besitzen.

Im Innersten unseres Wesens ist schon längst
alles vorhanden, was wir brauchen, um glücklich zu sein.
Das ist, als ruhe ein Schatz in der Tiefe unserer Seele,
der unser Leben lang darauf wartet,
gehoben zu werden.

Christine Bolam

Der innere Schatz

Der Schritt in die Gegenwart ist auch deshalb der erste Schritt zu wahrem Glück, weil er die inneren Fähigkeiten aktiviert, die wir brauchen, um unsere Kraft, unsere Kreativität, unsere Begeisterung und unsere bedingungslose Liebe wieder zu entdecken. Diese und viele andere Fähigkeiten sind schon von Geburt an in uns vorhanden, doch wir nutzen nur einige von ihnen. Der Rest ist eingeschlafen, verkümmert, verrostet, abgeschnitten oder vergraben. Wir haben unsere Stärken und Talente vergessen. Das ist, als schleppten wir einen Handwerkskasten mit den neuesten, besten Werkzeugen durchs Leben, um dann jeden Nagel mühsam mit der Spülbürste einzuschlagen.

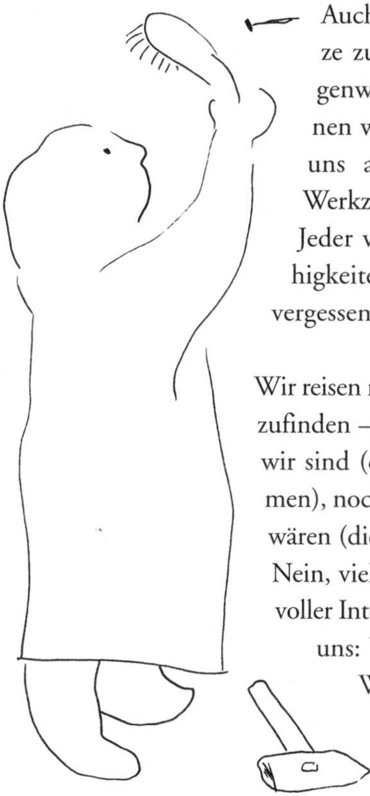

Auch um diesen Kasten voller Schätze zu bergen, brauchen wir die Gegenwart. Nur im Hier und Jetzt können wir überhaupt herausfinden, was uns alles mitgegeben wurde. Jeder Werkzeugkasten ist anders ausgestattet. Jeder von uns hat andere Stärken, Fähigkeiten und Talente. Doch wir haben vergessen, wer wir wirklich sind.

Wir reisen nach innen, um uns selbst wiederzufinden – nicht unsere Vorstellungen, wer wir sind (die aus der Vergangenheit stammen), noch unsere Wünsche, wer wir gerne wären (die sich auf die Zukunft beziehen). Nein, vielleicht zum ersten Mal gehen wir voller Interesse auf uns selbst zu und fragen uns: Wer bin ich eigentlich wirklich? Was ist mein wahres Wesen? Was ist eigentlich in meinem ganz eigenen Werkzeugkasten verborgen?

Nun, wie Ihnen wahrscheinlich schon vorhin aufgefallen ist (falls Sie die Übung auf Seite 31 gemacht haben), begegnen uns, wenn wir innehalten, nicht sofort unsere wundervollen, genialen Talente. Im Gegenteil: Meistens kommen wir zuerst mit allem in Verbindung, was uns bisher daran gehindert hat, ganz und gar unser eigenes strahlendes Selbst zu sein. Da ist das ungezähmte Denken mit seinem wilden Jagen, das uns nur zu gerne von unseren innersten Schätzen wegzieht, und wenn Sie noch tiefer nachforschen, sind da Fußangeln aus Kritik, Verdrängungs-Mauern, emotionale Nebelfelder und lauter alte Vorstellungen über Ihre Unfähigkeit, Ihren Mangel oder Ihre so genannte Stärke, die, weil sie nicht echt ist, ständiger Anstrengung bedarf.

Wenn wir das Geschenk der Erkenntnis zulassen,
dass unser wahres Wesen voller Vitalität, Lebendigkeit,
Frieden und Vertrauen ist,
werden uns auch die Schwierigkeiten, Blockaden
und Hindernisse bewusst,
die diesen Eigenschaften im Wege stehen.

John Davis, *Liebe zur Wahrheit*

Um den Schatz unserer Fähigkeiten und Eigenschaften zu bergen, müssen wir zu überzeugt sein, dass es sich lohnt. Wir brauchen die Macht der Verzweiflung, die Kraft der Visionen, den tiefen Wunsch, glücklich zu sein, die Hilfe derer, die auch auf dem Weg sind, die Überzeugung oder die Hoffnung, dass sich der Weg lohnen wird und – am wichtigsten – die Liebe zu uns selbst.

Der erste Schritt ist der Schritt in die Gegenwart, in das, was ist – und letztendlich in die Freude des Seins. Alle weiteren Schritte sind nur da, um uns dabei zu unterstützen, diesen Schritt trotz aller Hindernisse immer wieder zu tun, bis wir in der Gegenwart, bei uns selbst und in der Freude des Seins ganz und gar zu Hause sind. Bis wir glücklich sind.

Wenn du aufhörst, zwanghaft vom Jetzt wegzustreben,
dann ergießt sich die Freude des Seins in alles,
was du tust.

Eckhart Tolle, *Jetzt! Die Kraft der Gegenwart*

ÜBUNG

Auch die zweite Übung gehört zur Grundausstattung der Reise und dauert nur ein paar Sekunden. Machen Sie sie täglich, so oft es Ihnen einfällt – mit der Zeit werden Sie sie nicht mehr missen wollen.

Lesen Sie die Anleitung kurz durch und starten Sie danach sofort den ersten Versuch:

- Sagen Sie im Laufe des Tages immer mal wieder leise STOPP!
- Schließen Sie zwei, drei Sekunden die Augen und *spüren Sie sich selbst.*
  (Bald haben Sie genug Erfahrung, um die Augen auch offen zu lassen. Bis dahin üben Sie bitte nicht beim Autofahren etc.!).
- Wenn Sie die Augen wieder öffnen, spüren Sie weiterhin, dass Sie da sind.
- Machen Sie sich bewusst: *Dies ist die Gegenwart. Ich bin da.*

2

Der Schritt nach innen

Es ist nicht leicht, Glück in sich selbst zu finden,
doch es ist unmöglich, es anderswo zu finden.

Agnes Repplier

In der Gegenwart begegnen wir uns selbst.

Die endlosen Beschäftigungen und Ablenkungen hören für einen Moment auf, und wir spüren, dass da jemand ist. Ein geheimnisvoller Fremder. Ein überraschender Besuch. Eine lang vergessene Präsenz: Hallo, das bin ja ich! Lange nicht gesehen! Wir sind es nicht gewohnt, uns selbst wahrzunehmen. Es ist, als säßen wir in einem Kommandostand (dem Kopf) und gäben unserem Fahrzeug (dem Körper) Befehle, uns durch die Welt zu tragen, auf Menschen und Dinge zu reagieren, zu arbeiten, zu leben. Immer nach außen gerichtet, auf die Ereignisse um uns herum eingestellt, kommen wir nur selten zu uns selbst.

Kennen Sie die Momente, wo es auf einmal „nichts zu tun" gibt und man „nichts mit sich anzufangen" weiß?

Alles kann dann Ihre Aufmerksamkeit bannen: die Zeitung von gestern, blöde Werbesprüche, ein albernes Fernsehprogramm, langweilige Gespräche, in denen das Gegenüber zum zehnten Mal über seine Zipperlein erzählt – nur Sie selbst sind sich irgendwie suspekt. So sehr, dass Sie sich ganz vergessen haben.

Das geht uns allen so: Wir scheinen uns meistens als Instrument für irgendwelche Tätigkeiten zu begreifen und sind deshalb ständig beschäftigt. Die Welt der äußeren Dinge ist für uns so etwas wie ein Schnuller, den wir uns sofort in den Mund stecken, wenn mal nichts passiert. Jeder ruhige Augenblick wird mit Betätigungen angefüllt. Telefonieren. Schnell noch den Müll rausbringen. Kurz mal die E-Mails checken.

Bloß nicht sich selbst spüren.

Wir sind wie Kinder, die abends nicht vom Spielen nach Hause kommen wollen: jede Sekunde des Tages halten wir uns in der geschäftigen Welt auf und vermeiden es, uns nach innen zu wenden und den zu spüren, der immer bei uns ist: uns selbst.

Öffne jetzt deine inneren Augen, die der Liebe:

Kehr endlich heim zum Ursprung deines Ursprungs.

Rumi, *Oden*

Der innere Garten

Der Hauptgrund, warum es so schwer für uns ist, in der Gegenwart zu verweilen, ist, dass wir es mit uns selbst nicht aushalten. Bei uns zu sein erscheint uns langweilig, unangenehm, beunruhigend.

Doch wir selbst sind alles, was wir haben, um unser Leben zu leben. Ohne uns – kein Leben. Wenn wir glücklich sind – wo findet dann das Glücksgefühl statt? In uns selbst. Und unser Unglücklichsein? In uns. Und unsere Sorgen, Verliebtheit, Freude, Angst?

Ja, in uns.

Wir sollten unser Inneres also eigentlich hegen und pflegen wie einen Garten, in dem die Blumen und Früchte unseres Lebens wachsen: unsere Zufriedenheit, unsere Zweifel, unsere Lebendigkeit.

Wir selbst sind der Boden, auf dem unsere Erfolge wachsen.

Christine Bolam

Nun ist es nicht so, dass wir im Inneren ein leeres Feld vorfänden, das wir nur umzupflügen brauchen, in das wir unsere guten Wünsche einsäen und dann warten, dass die erwünschten Eigenschaften und Lebensumstände wachsen. Darum sind auch die so genannten Affirmationen so nutzlos. Wer hundert Mal am Tag wiederholt: „Ich werde jeden Tag glücklicher und glücklicher", der sät zwar den Samen des Glücks – aber der Boden, auf den er fällt, ist schon vergeben. Der Garten in unserem Inneren ist überwuchert mit den Geschichten unserer Vergangenheit.

- mit unerfüllten Träumen
- mit abgebrochenen Entwicklungen
- mit ungewollten Gefühlen
- mit ungelebten Potenzialen
- mit verbotenen Emotionen
- mit alten, versteinerten Sehnsüchten
- mit unentwickelten Talenten

Und übrigens: In unserem Garten gibt es kein Unkraut. Es gibt nichts auszujäten, wegzuwerfen, abzuschneiden. Keine Gewächse, die nicht dazugehören – nur Pflanzen, die verstümmelt, überwuchert und von Schädlingen befallen sind. Wo sollten wir das „Unkraut“ auch hinwerfen? Auf welchem Müllhaufen sollen wir es entsorgen? Alles ist innen – und wir können nichts hinauswerfen (wenn wir das auch oft genug versuchen). Haben wir erst einmal verstanden, dass in jeder noch so mickrigen inneren Pflanze unser Potenzial verborgen liegt, wollen wir auch gar nichts mehr wegwerfen. Wir legen lieber einen Kompost an, dann bleibt alles im Garten und dient nach einer Weile, in verwandelter Form, als Dünger.

Die ungeliebten Pflanzen können verwandelt und transformiert werden, aber das besprechen wir im weiteren Verlauf des Buches.

All unsere Versuche, „uns zu ändern und zu verbessern“, können nichts fruchten, weil wir damit nur versuchen, neue, „schönere“ Pflanzen in einen Garten zu setzen, der schon übervoll ist mit Leben, das nur darauf wartet, gehegt zu werden. Außerdem ist der innere Boden nur für unsere eigenen Pflanzen, Eigenschaften, Talente passend. Alles Fremde wird dort verkümmern oder Schaden anrichten, und wir können deshalb gleich aufhören, uns zu vergleichen und so sein zu wollen wie die anderen. Wir haben schon alles, was wir brauchen, und wir brauchen nur zu werden, wer wir sind.

Nichts verändert sich, solange es nicht zu dem wird, was es ist.

Fritz Perls

Der Garten ist, wer wir sind, und ihm müssen wir uns widmen. Und genau das werden wir tun. Wir werden ihn kennen und lieben lernen, ihn umsorgen, seine Bedürfnisse verstehen und seine Pflanzenpracht zum Blühen bringen.

ÜBUNG

Nehmen Sie sich eine halbe Stunde Zeit, in der Sie ungestört sind. Legen Sie Papier, Stifte oder einen Tuschkasten, Wasser und Pinsel zurecht. (An dieser Stelle sagt jeder Zweite: „Ich kann nicht malen." Das bedeutet nur, dass der Baum der Kreativität in Ihrem Garten unter schwerem Schädlingsbefall leidet!)
Lesen Sie zunächst die Anleitung durch und merken Sie sich die Schritte. Sie können die Anleitungen auch auf eine Kassette sprechen, entsprechende Pausen lassen und sie dann während der Übung abspielen.

- Nun setzen Sie sich bequem hin, schließen Sie die Augen, und beginnen Sie, Ihren Körper zu spüren, wie Sie es beim ersten Schritt geübt haben.
- Lassen Sie sich Zeit.
- Nehmen Sie Ihren Atem wahr.
- Sagen Sie leise: „Hier bin ich!"

Dann beginnen Sie, Ihren inneren Garten zu ahnen, zu spüren oder auch zu sehen. Nehmen Sie sich dafür etwa zehn Minuten Zeit. Fragen Sie sich:

- Wenn mein Inneres ein Garten wäre, wie groß wäre er?
- Ist es eher ein Gemüsegarten? Ein Blumengarten? Ein Obst-

garten? Ein grüner Park mit vielen Bäumen? Ein wilder Dschungel? Ein ordentlicher Schrebergarten? Ein Ziergarten mit beschnittenen Hecken? Eine Wiese?
- Wie ist das Wetter in meinem Garten? Ist es hell / dunkel / sonnig / regnerisch?
- Was fällt mir an meinem inneren Garten besonders auf?
- Nun stellen Sie sich vor, dass Sie selbst in Ihren Garten gehen. Nehmen Sie sich die Zeit, den Garten als Ganzes zu spüren oder zu sehen. Was strahlt er aus? Wie kommt er Ihnen vor? Was bedeutet das für Sie und Ihr Leben?
- Dann kommen Sie wieder zu Ihrem Alltagsbewusstein zurück, strecken und dehnen sich, atmen tief durch und öffnen die Augen.
- Malen Sie ein Bild Ihres Gartens, so, wie *Sie* ihn sehen.

Wenn Sie mit anderen üben, beginnen Sie erst zu sprechen, wenn alle ihr Bild gemalt haben. Da es um innere Erfahrungen geht, gibt es nichts zu beurteilen oder zu kritisieren. Üben Sie, anzuerkennen, was ist – bei sich und bei den anderen –, ohne es verändern zu wollen.

Ist Ihnen Ihr innerer Garten näher gekommen?
Manche Menschen finden es zunächst sehr ungewohnt, innere Wahrnehmungen zu haben. Sie sind sich nicht sicher, ob sie sich nicht alles nur einbilden, ob das, was sie sehen, „wirklich gilt". Manche sehen gar nichts, weil nicht jeder die Innenwelten mit den inneren Augen wahrnimmt. Es gibt Menschen, die sie eher durch ein Gefühl oder Gespür wahrnehmen; andere vielleicht durch Töne, Worte, ganze Sätze oder Bruchteile eines Liedertextes. Mit einer gewissen Übung werden Sie wahrscheinlich all diese Möglichkeiten mehr oder weniger erleben. Alle äußeren Sinne stehen Ihnen – genau wie allen anderen Menschen – auch innerlich zur Verfügung. Sie müssen nur lernen, sie zu benutzen.
Manchmal braucht es allerdings eine gewisse Zeit, die inneren Sinne zu schärfen und zu üben. Man muss sich im Inneren auf eine andere, ungewohnte Form der Wahrnehmung einstellen.

Doch selbst wenn Sie nur ein kleines Zipfelchen der inneren Sphäre erahnen konnten – nehmen Sie es an und freuen Sie sich! Geben Sie nicht auf! Denken Sie daran, dass Sie etwas ganz Neues lernen. Sie entwickeln eine Art zu sehen, zu fühlen und zu hören, die Sie vielleicht nie geübt haben. Das braucht Zeit und Geduld.

Es gibt auch Menschen, die sehr mental orientiert sind und deren schneller Verstand sofort die tollsten Bilder, Geschichten und Interpretationen präsentiert. Wenn Sie wissen, dass Sie dazu neigen, nehmen Sie die Einführung (den Körper spüren) ganz besonders wichtig. Anhand Ihrer körperlichen Empfindungen können Sie testen, ob Sie gerade Ihre innere Welt wahrnehmen oder Ihr Kopf Ihnen Luftschlösser vorgaukelt. Seien Sie wach und achten Sie darauf, ob die Bilder und Geschichten auch Gefühle oder Empfindungen mit sich bringen. Wenn das, was Sie erleben, irgendwelche Echos im Körper erzeugt, sind Sie fühlend mit sich und Ihrer inneren Welt im Kontakt. Fühlen Sie sich dagegen eher körperlos oder sogar etwas schwindelig, ist Ihr Verstand im Alleingang losgezogen und gestaltet Ihre innere Welt nach seinen Vorstellungen. Für solche Himmelsstürmer ist es also wichtig, den Körper immer wieder in ihre Reise mit einzubeziehen.

Und überspringen Sie bitte nicht das anschließende Malen. Die inneren *Ein*drücke auch wieder *aus*zudrücken ist ein wichtiger Teil dieser Übung. Es hilft Ihnen dabei, einen gewissen Abstand und Überblick zu gewinnen, eine Chronik Ihrer Entwicklung zu haben und anhand der Bilder zu sehen, wie sich die innere Landschaft ganz von selbst verändert. So entsteht eine Ahnung davon, dass Sie keine feste, unveränderliche Größe sind, sondern ein sich entwickelndes, fließendes Wesen mit vielen Möglichkeiten. Doch dazu später mehr.
Wenn Sie wollen, machen Sie diese Übung immer mal wieder, um mit Ihren inneren Energien vertraut zu werden, in Kontakt zu bleiben und sie besser kennen zu lernen. Bewahren Sie die

Bilder auf – so erhalten Sie mit der Zeit einen Überblick über den Fluss des Lebens und die Entwicklungen, die er mit sich bringt.

Das innere Wetter

Auch in der inneren Welt gibt es Sonne, Regen, Schnee und Gewitter – und um das Bild vom Garten vollständiger zu machen, möchte ich jetzt über das Wetter reden. Da fällt mir der alte Werbespruch der Bundesbahn ein: „Alle reden vom Wetter – wir nicht!" Die Welt ist voller Menschen, die über das Wetter reden, oder richtiger: die über das Wetter meckern.

Nehmen Sie zum Beispiel Frau Hitzenacker, meine Gemüsefrau von nebenan:
Klinggg – Ladentür auf.
„Guten Tag, Frau Bolam."
„Guten Tag, Frau Hitzenacker, ich hätte gerne ein Kilo Cox Orange, von den deutschen."
„Die würd ich nicht nehmen, Frau Bolam, der Sommer war einfach zu verregnet. Nehmen Sie die Jonagold aus Neuseeland, da steckt mehr Sonne drin."
„Nein, geben Sie mir bitte die Cox Orange."
„Wie Sie meinen, Frau Bolam." Sie packt die Äpfel in die Tüte. „Also sagen Sie, ist das nicht grauenhaft, dieses Wetter? Das haben wir jetzt schon wochenlang!".
„Aber gestern Nachmittag hat es doch eine Weile aufgeklart. Ich

bin stundenlang in meinem Schrebergarten gewesen und habe die Stauden zurückgeschnitten."
„Na, hören Sie, das haben Sie sich getraut? Bei dem kleinen Löchlein Blau im Himmel? Da hat man doch sehen können, dass es gleich wieder losgeht."
„Ab morgen soll es besser werden, Kälte und Schnee."
„Um Gottes Willen, das ist ja noch schlimmer – dann lieber nass und mild. Wenn's kalt ist, friert mir hier alles ab."
„Aber Schnee ist doch schön!"
„Nein, da haben wir dann gleich wieder den Matsch, und ich kann den ganzen Tag das Wischtuch nicht aus der Hand legen. Was die Leute mir hier für einen Dreck reinschleppen ...!"
„Na, der nächste Sommer kommt bestimmt."
„Ach, Frau Bolam, kommen Sie mir bloß nicht mit Sommer, Sie wissen ja gar nicht, wie sehr ich da unter der Hitze leide! Meine Krampfadern ... Ach, das ist ein Kreuz."
„Na, dann auf Wiedersehen, Frau Hitzenacker."

Wer immer das Wetter macht – Petrus, Frau Holle oder der Deutsche Wetterdienst – sie haben keine Chance. Frau Hitzenacker und hundert Millionen Gleichgesinnte werden immer etwas daran auszusetzen haben.

Eine Geschichte:
Ein Bauer ärgert sich über den lieben Gott. Der macht das Wetter, wie er lustig ist, und schert sich einen Dreck um die armen Bauern, die sehen müssen, wie sie ihr Getreide unter Dach und Fach kriegen. Als es wieder einmal zur Erntezeit regnet, platzt dem Bauern der Kragen. „Verdammt, Gott", schreit er hinauf zum Himmel, „fällt Dir denn nichts Besseres ein? Kannst Du nicht einmal an mich denken mit deinem Scheißwetter?".
Über den Wolken blitzt und grummelt es, und Gottes Stimme tönt herab:
„Bauer, ich höre dich und ich habe da eine Idee: Wie wäre es, wenn du eine Weile das Wetter selber machst? Ich kann einen Urlaub gut gebrauchen."

Nachdem der Bauer sich von seinem Schreck erholt hat, nimmt er das Angebot an. Ein Jahr lang darf er selbst bestimmen, wie das Wetter wird, und zur Erntezeit sprechen die beiden sich wieder. Oh, wie schön das Wetter in diesem Jahr ist! Nach einem milden, sonnigen Herbst herrscht im Winter eine ordentliche Kälte, damit die Schädlinge erfrieren. Frischer Schnee glitzert in der Sonne und der Himmel ist blau. Im Frühling darf es ab und zu regnen, damit die Saat gut aufgeht, und bald recken sich die ersten hellgrünen Schößlinge aus der braunen Scholle.

Mit Tau und Regen, Sonne und Wind verwöhnt der Bauer sein Getreide und zur Erntezeit steht der Weizen so stolz und golden auf den Feldern, dass es eine Freude ist. Der Bauer reibt sich insgeheim die Hände – solch eine gute Ernte hatte er noch nie! Da kann sich Gott mal eine Scheibe von abschneiden!
Das Korn wird geerntet.

Der Bauer lässt es sich nicht nehmen, eine Handvoll Körner eigenhändig von der Ähre zu ziehen und zu begutachten. Er schnuppert daran, bewundert das leuchtende Gold der Schale, nimmt ein Korn zwischen die Zähne und kaut darauf herum – es ist leer.
Er zieht ein paar Körner von einer benachbarten Ähre, mit demselben Resultat. Jedes Korn, das er daraufhin prüft, hat keinen Kern. Es gibt nur Stroh zu ernten.
Verstört und mit schwerem Herzen wendet er sich an Gott: „Gott, was ist los? Was habe ich falsch gemacht?“
„Bauer,“ ruft Gott vom Himmel herab, „so ist das nun mal. Du hast dein Korn das ganze Jahr über so verwöhnt, dass es gar nichts vom Leben mitbekommen hat. Wie soll denn ein kräftiger Kern entstehen, wenn das Getreide keine Herausforderungen bekommt?“

Gutes und schlechtes Wetter

Herausforderungen sind das Salz des Lebens. Ein echtes Wetter besteht auch aus Stürmen, Gewittern, Dürreperioden. Das mag uns nicht passen, ist aber so. Und wenn wir uns gegen das anstemmen, was sowieso *ist,* vergeuden wir nur unsere Energie. Genau wie der Bauer hätten wir das innere Wetter auch gerne anders. Über unserem inneren Garten soll immer die Sonne scheinen, ein laues Lüftchen wehen und froher Vogelsang das Herz erfreuen. Viele andere Wetterlagen oder innere Stimmungen sind uns unangenehm, wir mögen sie nicht, drängen sie weg, beschweren uns über sie oder lernen, sie gar nicht mehr wahrzunehmen.

Haben Sie schon einmal gesehen, wie ein Baby mit seinem inneren Wetter umgeht? Das ganze Baby ist der reinste Ausdruck innerer Wetterlagen! Irgendetwas drückt: Es schreit. Die Windel ist voll: Es weint. Es hat Angst: Schwupp, auf den Arm der Mutter. Es hat Hunger: Es jammert vor sich hin. Der Vater geht aus dem Raum und es fühlt sich verlassen: Es startet eine Schreiorgie, die kaum zu stoppen ist. Es freut sich, dass die Mutter nach Hause kommt und strahlt sie so freudig an, dass die ganze

Wohnung heller wird. Das Innen und das Außen sind bei ihm noch aus einem Stück. Nichts wird zurückgehalten, Regen, Sonne und Gewitter wechseln sich ab und das Baby drückt sie aus – und wenn das Gewitter vorbei ist, scheint wieder die Sonne, als wäre nichts geschehen. Jedes Gefühl, das wirklich hundertprozentig ausgedrückt wird, erschöpft sich schnell und macht einem anderen Raum. Das innere Wetter ist so veränderlich, wie Wetter eben ist – auf Sonne folgt Regen, auf Schnee Tauwetter, auf den Sommer ein goldener, stürmischer Herbst. Nichts steht still.

Auch Sie waren einmal so, haben dann aber gelernt, Ihre Gefühle zurückzuhalten, einzuschränken und zu sortieren.
Baby lächelt: „Das ist ein liebes Kind!". Baby weint: „Kind, du beunruhigst mich, was ist bloß mit dir los?" Baby schreit: „Hör sofort auf, du böses Kind, Papa will seine Ruhe haben."

Die Erwachsenen haben Ihnen damals beigebracht, nicht immer gleich loszuschreien, Ihre Wut nicht an anderen auszulassen, sich gut zu benehmen, zu lächeln, wenn Besuch kommt und das schöne Händchen zu geben – eigentlich ganz lobenswerte Errungenschaften, die Ihnen das Leben in der Gesellschaft erleichtern.
Nur funktioniert es leider nicht so reibungslos, wie es vielleicht geplant ist, und die Fähigkeit, auf erwachsene Art mit den eigenen Gefühlen umzugehen, hat sich bei kaum einem von uns zufriedenstellend entwickelt. Wir müssen es nachträglich lernen.

Was ist denn damals eigentlich falsch gelaufen? Vielleicht hilft uns ein Verständnis der damaligen Fehlentwicklungen dabei, uns selbst besser zu verstehen und auf neue, reifere und liebevollere Art mit unseren Gefühlen umzugehen.
Wenn das Kind vermittelt bekommt, dass manche seiner Gefühle nicht erwünscht sind, entsteht bei ihm der Eindruck, bestimmte Teile seiner eigenen Lebendigkeit – seiner selbst – seien nicht in Ordnung. Es beginnt, diese Teile (und mit ihnen bestimmte Gefühlslagen) abzulehnen und seine eigene Lebenskraft immer mehr einzuschränken. Die abgelehnten Gefühle sind dann aber nicht verschwunden – oft werden wir später, wenn wir älter sind, gerade von ihnen immer wieder besonders heftig geplagt. Wir bleiben mit ihnen „identifiziert", d. h., wir haben keinen Abstand zu ihnen, sondern scheinen ihnen hilflos ausgeliefert zu sein. Dabei kann es sich um Zornesausbrüche, Ängste, Panik und Unbeherrschtheit, aber auch um unklare emotionale Zustände wie Schwere, Lebensangst, Depressionen und Antriebslosigkeit handeln.

Da sie nicht frei fließen durften, kommen die verdrängten Gefühle (die inneren Wetterlagen) nie zum Abschluss: Unter der Oberfläche unseres Bewusstseins nieselt der innere Regen immer weiter und eine anhaltende Stimmung von Verdruss, Trauer, Sehnsucht oder Ärger durchzieht unser Leben. Manchmal bricht vielleicht ein überraschender Sturm aus und wir wundern uns, wo diese heftigen Gefühle so plötzlich herkommen – doch ein solches Gewitter reinigt nie die Atmosphäre. Es grollt leise vor sich hin und der graue, traurige Regen im Inneren weicht nie dem unbeschwerten Strahlen eines Sommertages, sondern gibt uns selbst an guten Tagen das Gefühl, irgendetwas stimme nicht.

Manche Menschen haben ihre abgelehnten Gefühle auch derart gut verdrängt, dass gar kein Gefühlsleben mehr übrig bleibt. Sie wirken oft gleichgültig und nichts scheint sie zu berühren. Das wird in unserer heutigen Gesellschaft oft als Vorteil angesehen: Lieber cool und unberührt als hysterisch, zickig und kompliziert.
Doch beide Haltungen beruhen auf demselben Mechanismus, derselben inneren Fehlsteuerung: Wir haben gelernt, unser inneres Wetter abzulehnen, bestimmte Wetterlagen zu bevorzugen, andere zu vermeiden und unsere innere Welt insgesamt zu beurteilen. Dieser Anteil ist gut, jener ist schlecht. Dieser muss gefördert, ein anderer unterdrückt werden.
Das geschieht automatisch und unreflektiert.

Als kleine Kinder haben wir noch nicht genug Bewusstsein, um unsere Gefühlsenergien zu verstehen, anzuerkennen und bewusst umzuwandeln oder aufzuschieben. Wir mussten uns gegen sie wenden, sie blind abschneiden und als fremd betrachten. Das sind sie aber nicht. Sie gehören zu uns und können nicht für immer weggedrängt werden, sondern weben im Untergrund weiter, brechen manchmal unkontrolliert hervor oder äußern sich in psychosomatischen Krankheiten.

Obwohl es noch eine Menge zu sagen gibt, möchte ich lieber zum praktischen Teil kommen und Ihnen Vorschläge machen, wie Sie mit dem inneren Wetter besser umgehen und Ihre volle

Lebenskraft, die in den verdrängten oder verdrehten Gefühlsenergien verborgen ist, wieder erlangen können:

Der Trick ist, dass du loslassen und dich wieder
für die Weite öffnen kannst.
Das kannst du in jedem Augenblick, immer.
Dazu musst du aber schon Freundschaft schließen mit dir selbst.
Du musst deine Wut, deine Selbstverachtung, dein Wünschen
und Begehren, deine Langeweile kennenlernen
und mit all diesen Dingen Freundschaft schließen.

Pema Chödrön

Man könnte es auch so ausdrücken: Indem wir uns dem inneren Wetter zuwenden und üben, es ohne Urteile und voller Interesse wahrzunehmen, zu spüren und zu betrachten, wird es von der Sonne unseres Bewusstseins umgeben, gehalten und angenommen. Das ist etwas, was das Kind noch nicht leisten konnte, doch es reicht, wenn wir es nachträglich tun. Es reicht aus, um einen unvollendeten Prozess abzuschließen: Die verdrängten, geknickten und abgelehnten Kindergefühle können sich in uns entfalten und wir können *bewusst* entscheiden, ob und wie wir sie ausdrücken wollen, oder ob wir sie umwandeln wollen in reine Energie.

Alchemie der Gefühle

Das klingt einleuchtend und einfach, doch wer schon mit dem äußeren Wetter unzufrieden ist, wird es mit dem inneren nicht leicht haben.
Wenn wir es, wie Frau Hitzenacker, gewohnt sind, auf Dinge, die wir nicht ändern können, immer nur mit Kritik zu reagieren, müssen wir erst einmal lernen, sie anzunehmen und Ja zu sagen. Das ist eine ziemliche Umstellung: Wir üben, einzusehen, dass auch das innere Wetter so ist, wie es ist, und wir uns mit unseren Urteilen und Ausweichmanövern letzten Endes nur selbst verletzen.

Wir selbst sind es schließlich, die große Teile unseres Potenzials unter Verschluss halten, indem wir uns weigern, genauer hinzuschauen und zu -fühlen, und uns die Entdeckung zu gönnen, dass in unserem Ärger Kraft, in unserer Trauer Liebe und in unserer Schwäche eine tiefe Sensibilität verborgen liegt. Wir wollen es gar nicht glauben – die Ablehnung und Verurteilung, die in der Kindheit begonnen haben, sind uns so vertraut, dass sie uns vorkommmen wie die Wahrheit. Alles in uns sträubt sich, die Innenwelt mit neuen Augen zu sehen.
Doch um diesen mutigen Schritt kommen wir nicht herum.
Es ist das Einfachste und das Schwerste auf der Welt, zu sagen (und es ehrlich zu meinen):
„Ja, das innere Wetter ist so, wie es ist. Ich möchte gerne mehr darüber erfahren und werde ab heute üben, meine Innenwelt aufmerksam und bewusst wahrzunehmen. Dabei werde ich nichts, was ich vorfinde, ablehnen, sondern mein Herz öffnen und mein inneres Wetter mutig umarmen.
Es ist sowieso, wie es ist – und das mag mich oft ärgern, aber dieser Ärger ist auch Teil des inneren Wetters. Auch mein Ärger ist okay und ich kann üben, ihn zu spüren, ohne gleich unbeherrscht zu werden."

Als die Alchemisten im Mittelalter versuchten, aus niederen Metallen Gold zu erschaffen, ging es vielen von ihnen nicht um materiellen Reichtum, sondern um innere Transformationsprozesse. Die christliche Kirche führte damals ein strenges Regiment und jeder, der ihre Vorstellung von Gottesdienst nicht teilte, musste mit harten Strafen rechnen. Für sie gab es nur einen Weg zu Gott – den vorgeschriebenen –, aber nicht jeder wollte ihn gehen.
Natürlich hat es immer Menschen gegeben, die versucht haben, eigene Wege zu finden und sich auf eigene Weise der göttlichen Wahrheit zu nähern, doch in einer Zeit, wo derartige Bestrebungen mit der Todesstrafe enden konnten, tat man gut daran, seine wahren Absichten zu verbergen.

Begriffe wie „niederes Metall“, „Gold“ usw. standen in Wirklichkeit für innere Zustände, wie wir sie oben besprochen haben. Wenn wir also üben, unsere verdrängten, verdrehten und verurteilten Gefühlsenergien (niedriges Metall) im Licht unseres Bewusstseins (Feuer) zu Gold (reiner Lebensenergie) werden zu lassen, befinden wir uns in guter Gesellschaft – und haben heute außerdem das Glück, keinen mächtigen Feind herausfordern zu müssen. Menschliche Entwicklung ist nicht mehr verpönt, ja, auch kirchliche Institutionen bieten inzwischen vielerorts Meditationsseminare an.

Der einzige wirkliche „Feind“ schlummert in uns selbst, in Form von Unbewusstheit, Ablehnung, Kritik, Angst vor den eigenen Gefühlen und tausend alten Gewohnheiten – und diesem „Feind“ werden wir uns jetzt stellen, um letzten Endes zu entdecken, dass auch er aus reiner Liebe geboren wurde: Wir haben uns selbst nur abgelehnt, um die Liebe unserer Eltern zu gewinnen und unser eigenes Überleben zu sichern.

Mit der Zeit werden wir erkennen, dass die alten Strategien aus der Kinderzeit – das Urteilen, das Misstrauen und die Selbstablehnung – ihren Zweck schon lange nicht mehr erfüllen. Im Gegenteil. Sie basieren auf der Vorstellung, dass wir klein, abhängig und ein Opfer der anderen sind, und wenn wir an ihnen festhalten, agieren wir weiterhin als abhängiges Opfer und als kleines hilfloses Kind.

ÜBUNG

Sie baut auf der STOPP-Übung des ersten Schrittes auf und beginnt auch mit ihr:

- Immer, wenn Sie im Laufe des Tages daran denken, sagen Sie leise „STOPP!“ und halten einen Augenblick inne.
- Atmen Sie tief durch.
- Fühlen Sie voller Interesse zu sich hin. Welches Wetter herrscht gerade in Ihrem Inneren?

- Spüren Sie zuerst das innere Wetter und geben Sie ihm dann einen Namen.
  Sie müssen es nicht mit Ausdrücken wie „Regen", Wind" oder „Sonne" bezeichnen. Das innere Wetter ist so vielfältig, dass die üblichen Wetternamen nicht reichen.
  Je einfacher die Benennung, desto besser. Also zum Beispiel so etwas wie: kalt oder eng oder aufgeregt. Andere Möglichkeiten: Druck im Bauch, kribbelig in den Händen, unruhig, strahlend, weit, grün, nebelig, watteweich, niedergedrückt, dunkel – es gibt Tausende von Möglichkeiten.
- Vermeiden Sie Ausdrücke, die Sie auch normalerweise verwenden (z.B. müde, erschöpft, sauer, gut drauf usw.) – sie kommen zu schnell und zu automatisch. Hier aber geht es darum, zu üben, wirklich *im Moment* zu sich hin zu fühlen und zu benennen, was Sie gerade fühlen, ohne es zu ändern.
- Wenn Sie die innere Wetterlage spüren, atmen Sie einmal tief durch und sagen beim Ausatmen leise: „Ja".
- Fühlen Sie, wie es ist, Ihr Inneres in diesem Augenblick aus vollem Herzen zu akzeptieren, so, wie es ist.
- Atmen Sie noch einmal tief durch. Spüren Sie die Kraft, die entsteht, wenn Sie nicht gegen Ihr Inneres ankämpfen, sondern es annehmen, ohne von ihm überwältigt zu werden. Sie können das innere Wetter fühlen und in Ihrem Bewusstsein halten. Ihr Bewusstsein ist weiter, als jedes innere Gefühl.
  Wenn Sie das nicht gleich spüren, üben Sie weiter!
  Und wenn Sie es gespürt haben, üben Sie auch weiter! Mit der Zeit werden Sie feststellen, dass Sie die bewusste Wahl treffen können, kein Opfer überwältigender Emotionen mehr zu sein.

Zum Abschluss des Kapitels noch ein paar Expertentipps:

In seinem Buch „Dein Körper weiß die Antwort" nennt der Hamburger Psychologe und Autor Martin Siems vier Haltungen, die es uns erschweren oder unmöglich machen, mit unserer inneren Welt in Kontakt zu treten:

- *Das Suchen nach Gründen*
  Man fragt sich: „Warum bin ich so?“ „Warum fühle ich das?“. Wenn man es weiß, hat der Kopf zwar eine Information mehr, aber es ändert sich nichts.
- *Die Abwertung des inneren Erlebens*
  „Muss ich eigentlich immer so empfindlich sein?“, oder „Ich will diese blöden Gefühle nicht, ich will lieber gut drauf sein.“ Man lehnt sich selbst ab und verstärkt damit den inneren Kampf.
- *Das Hineinfallen in das innere Erleben*
  In bestimmten Gefühlen „ertrinken“ und an ihnen festhalten. Dann lebt man nur in einem kleinen Bezirk seines Gartens und sieht den Rest durch die Brille seiner Gefühle.
- *Das bohrende Eindringen*
  Die Innenwelt mit Macht erobern wollen: „Jetzt will ich es aber genau rausbekommen, und zwar sofort!“ Dann geht man so aggressiv mit sich selber um, dass Widerstand und Angst entstehen.

Vielleicht helfen Ihnen diese Hinweise, sich beim Schritt nach innen nicht so leicht zu verirren und den Fußangeln und Selbstschüssen, die Sie zurück in die alte Kinderhaltung zwingen wollen, aus dem Wege zu gehen.
Wie alles, was wir neu erlernen, braucht auch der liebevolle, bewusste Kontakt nach innen viel Übung, Geduld und eine gute Portion Humor.

Wer seine Sinne hat
ins Innere gebracht,
der hört, was man nicht red't,
und siehet in der Nacht.

Angelus Silesius

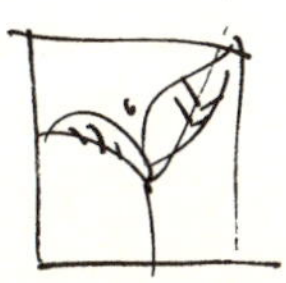

3
Der Schritt in die Versöhnung

Erkenne dich selbst als ein Wunder.
Auf der ganzen Welt
gibt es niemanden wie dich.
Virginia Satir

Können Sie sich daran erinnern, wie es war, klein zu sein? Vielen ist ihre Kindheit noch ganz präsent, andere wissen fast nichts mehr darüber. Sie haben das meiste vergessen. Ist ja auch schon lange her und außerdem: Jetzt ist jetzt!
Doch ob es Ihnen bewusst ist oder nicht – Ihre gesamte Vergangenheit, alles, was Sie je erlebt haben und gewesen sind, ist in diesem Augenblick Teil von Ihnen. Auch das Kind, das Sie einmal waren, hat seinen Platz in Ihrer Innenwelt und bestimmt mit den Erfahrungen, die es in der Welt gemacht hat, Ihr Leben. Das ist, als lebte ein kleines Kind in Ihnen, das leise aber nachdrücklich Ihre Wünsche, Ängste, Vorstellungen und Entscheidungen mitbestimmt – meist ohne dass Sie es bewusst wahrnehmen.

Eigentlich könnte das eine gute Sache sein – denken Sie nur an die natürliche Kreativität, Empfindsamkeit, Entdeckerfreude, Fantasie, robuste Lebendigkeit und bedingungslose Liebe, die man, wenn man ohne Vorurteile hinschaut, bei Kindern beobachten kann. Denken Sie an die kindliche Fähigkeit, hier und jetzt glücklich – und unglücklich – und wieder glücklich zu sein, als gäbe es kein Morgen!

Doch solange Sie Ihr „inneres Kind" nicht kennen, d. h., solange Ihre kindlichen Gefühle, Bedürfnisse und Vorstellungen ins Unbewusste verbannt sind, bleiben Sie ihm ausgeliefert. Es führt das Regiment in Ihrem Leben, ohne dass Sie es ahnen, und keine neue, andere Erfahrung kann sich langfristig durchsetzen. Egal, welche bewussten Entscheidungen Sie fällen – wenn sie dem „inneren Kind" nicht passen, wird es sie auf verschiedenste Weise durchkreuzen:

- Sie haben plötzlich Kopfschmerzen
- eine unbestimmte Angst beschleicht Sie
- Sie fühlen sich schüchtern und unwürdig
- Sie „trauen sich nicht"
- Sie werden von unerklärlichen Wutanfällen geplagt
- Sie zweifeln an Ihren Fähigkeiten, obwohl Sie wissen, dass Sie gut sind
- Sie verstummen plötzlich

Diese Art von Sabotage geschieht nicht aus bösem Willen oder um Sie zu ärgern. Ihr inneres Kind kann nicht anders. Solange Sie nicht in bewusstem Kontakt zu ihm stehen, besitzt es keine andere Möglichkeit, seine dringenden Gefühle und Impulse auszudrücken – Impulse und Gefühle, die Sie als kleines Kind unterdrücken oder verdrehen mussten, um sich an die Welt der Erwachsenen anzupassen.

Welche Probleme diese Anpassung mit sich bringt, wird etwas weiter unten als „Teufelskreis der Erziehung" genauer beschrieben.

Erziehen kann man einen Menschen zu einem guten Bürger, zu einem tapferen Soldaten, zu einem frommen Juden, Katholiken, Protestanten, Atheisten, ja, sogar zu einem frommen Psychoanalytiker, nicht aber zu einem lebendigen und freien Menschen.

Alice Miller, *Du sollst nicht merken*

Kaum ein Erwachsener – und schon gar kein Kind – vermag es, selektiv zu verdrängen. Das wäre auch zu schön: die erwünschten, „guten" Impulse kommen ins Töpfchen, die „bösen" ins Kröpfchen und fertig ist das perfekte kleine Kind, lieb, fleißig, pflegeleicht und wie vom Fließband.

Nein, leider werden zusammen mit den unerwünschten Gefühlen, Bedürfnissen und Impulsen auch der Selbstwert und das Urvertrauen des kleinen, neuen Menschen in die Verbannung geschickt.

Das natürliche Gefühl, eins mit sich und der Welt zu sein verschwindet ebenso, wie die grenzenlose Fähigkeit, zu lieben und nichts als Liebe zu erwarten. Jedes Kind ist von Gott gegeben, jedes Kind ist okay – und jedes Kind fühlt sich auch okay, bis es eines „Besseren" belehrt wird. Da ist es plötzlich zu laut, zu schnell, zu eigenmächtig, und in seinem Eifer, es den Erwachsenen recht zu machen, verliert es den Kontakt zum eigenen So-Sein, zur eigenen Seele, zum Geborgensein im Ganzen. Dieser herbe Verlust begleitet es sein ganzes Leben und gibt ihm (uns, mir, Ihnen) das ständige Gefühl, irgendwie nicht in Ordnung zu sein.

Es fehlt uns die Gewissheit, dass wir richtig, erwünscht, wertvoll und in der Welt zu Hause sind. Wenn unsere bewusste, gefühlte Verbindung zur eigenen Seele und zum Ganzen gestört ist, können wir eine solche Gewissheit nicht haben.

Doch zum Glück geht die Seele nicht verloren – sie schläft nur unter der geschäftigen, angepassten Persönlichkeit der Menschen wie Blumenzwiebeln unter Eis und Schnee, und wartet darauf, dass die Sonne des Bewusstseins sie wieder zum Leben erweckt.

Die Suche nach dem Glück ist dasselbe wie die Suche nach der Seele – nach dem inneren Funken von Vertrauen, Liebe und Lebendigkeit, den wir alle von Geburt an mitbekommen haben. Wenn wir den Seelenfunken wieder entdecken, beginnen wir zu ahnen, dass die Welt womöglich ganz anders ist, als wir immer dachten, und dass es hinter dem Schmerz, der Einsamkeit und der Leere einen soliden, leuchtenden Kern von Verbundenheit gibt: Das Universum ist unser Zuhause und wir sind in ihm geborgen.

Solche Augenblicke von Verbundenheit und Glück eröffnen sich uns besonders in bestimmten Situationen: Wenn wir verliebt sind und der andere unsere Liebe erwidert. Wenn wir eine schwierige Situation erfolgreich meistern. Wenn sich ein Herzenswunsch erfüllt. Wenn sich plötzlich die Wolken verziehen und die Sonne scheint.

Doch wie schon zu Anfang bemerkt, hält das Glücksgefühl nicht lange an. Solange wir glauben, dass unser Glück davon abhängt, dass wir geliebt werden, uns lange genug bemüht haben oder zufällig von der Glücksfee beschenkt wurden, dann kann und wird es uns auch wieder verlassen.

Finden wir aber schließlich heraus, dass das Glück in uns selbst vergraben liegt, unter all den falschen Vorstellungen, Bemühungen und Illusionen – werden wir uns dann nicht uns selbst zuwenden, um es für immer zu befreien?

Wer ein beständiges Glück finden will, muss also die innere Flamme der Seele oder den Funken im Zentrum seines Wesens wieder befreien. Er muss ihm seine Aufmerksamkeit schenken, sich wieder mit ihm verbinden und erfahren, dass er wirklich existiert.

Das geschieht auf zweierlei Arten:

- Zum einen gilt es, den Funken als das zu erkennen, was er ist – das strahlende Leuchten der eigenen Seele, das uns wahres Glück verleihen kann. Je mehr wir uns selbst als strahlende Seele erleben, desto mehr wird ein beständiges, unerschütterliches Glücksgefühl unser Leben begleiten.

  Die täglichen Übungen, die in diesem Buch vorgeschlagen werden, haben den Zweck, Ihr Bewusstsein für die eigene Seele zu schärfen.

- Zum anderen ist es hilfreich, die falschen Vorstellungen und negativen Gewohnheiten, die unserem Kontakt mit der Seele im Wege stehen, zu entlarven und auszuräumen. Wenn wir uns dem verlassenen inneren Kind zuwenden, werden wir auch unsere ursprüngliche Offenheit, unsere Unschuld und die Weite unserer Seele wieder entdecken. Gleichzeitig begegnen wir aber auch allem, was uns ein Leben lang von uns selbst ferngehalten hat: den Ängsten, Selbstverurteilungen und negativen Vorstellungen, die uns seit der Kindheit einschränken und unsere innere Flamme ersticken. Ihnen mutig zu begegnen ist der erste Schritt zur Befreiung des inneren Kindes und unserer Fähigkeit zu wahrem Glück.

„Und wenn ihr nicht umkehrt und werdet wie die Kinder, werdet ihr nicht ins Himmelreich gelangen."

Jesus von Nazareth

Die Kindersicherung

Erinnern Sie sich an den klaren, sonnigen Oktobertag im letzten Jahr, als mittags ein Wind aufkam und lauter bunte Blätter durch die Luft wirbelten?

Ich hatte mich in den Zug gesetzt, um meine Freundin Cora zu besuchen – ein Spaziergang über die Felder war angekündigt und anschließend ihr berühmter Apfelkuchen vom Blech. Als der Zug hielt, sah ich Cora gerade auf den Bahnhofsvorplatz fahren. Sie hupte, winkte und rief durchs offene Fenster: „Ich bin nicht dazu gekommen, aufzuräumen. Vorne ist kein Platz. Schieb den Kindersitz beiseite und quetsch dich auf den Rücksitz!"

Vor ihrem Haus parkten wir unter der großen Kastanie, die um diese Jahreszeit leuchtet und strahlt. Ich packte meinen Rucksack und wollte aussteigen, doch die Autotür blieb verschlossen. Cora klopfte lachend an die Fensterscheibe: „Na? Gefangen? Dann will ich dich mal rauslassen!".

„Weißt du," erklärte sie mir, als wir auf das Haus zugingen, „ ich hatte vergessen, die Kindersicherung auszuschalten. Die habe ich meistens an, wegen dem Kleinen. Da geht die Tür nur noch von außen auf."

Wir alle besitzen eine eingebaute Kindersicherung, die unser inneres Kind unter Verschluss hält – und da sitzt es nun und wartet darauf, endlich freigelassen zu werden. Es kann sich nicht alleine aus dem Bann lösen, unter den die Erziehung es gestellt hat, sondern ist darauf angewiesen, dass jemand von außen kommt und ihm die Tür öffnet.

- Es möchte all seine verdrängten, unerlaubten und abgelehnten Energien wieder leben. Es möchte laut sein dürfen, seinen eigenen Körper spüren, spielen, nein sagen, frech sein und mit seinen Qualen, Ängsten und Schmerzen verstanden werden.

→ Zugleich fürchtet es, die Liebe der Erwachsenen zu verlieren, wenn es einfach es selbst ist. Also hält es sich und seine Gefühle und Impulse fest unter Verschluss, wie es das einmal gelernt hat, und es braucht unsere Erlaubnis, um sie wieder zuzulassen.

Solange wir uns selbst und unsere Gefühle ablehnen und verurteilen und solange wir immer nur versuchen, anders zu sein, als wir sind, lehnen auch wir das Kind ab. Die Kindersicherung bleibt eingeschaltet und unsere frühe Erziehung behält ihre Macht über uns, obwohl wir schon längst erwachsen sind und unsere eigenen Kinder erziehen und obwohl uns unsere Eltern vielleicht längst uns in jeder Hinsicht unterstützen – sie brauchen uns nicht mehr an diesem und jenem zu hindern und tun es auch nicht mehr. Nein, wir tun es selbst.
Und nur wir selbst haben die Macht, die Kindersicherung auszuschalten, den Engel mit dem Feuerschwert zu vertreiben, die Spinnweben der Schuldgefühle wegzufegen! Kein anderer kann uns wirklich aus dem Bannkreis aus Kritik, Urteilen, Unterdrückung und Selbstablehnung befreien, den wir im Inneren aufrechterhalten. Wir selbst müssen uns entschließen, eine innere Atmosphäre von Akzeptanz und Liebe zu schaffen.

Im äußersten winkel der alten karte liegt das land,
nach dem ich mich sehne.
Es ist die heimat der äpfel, der hügel, der trägen flüsse, des
herben weines und der liebe.
Leider hat eine riesige spinne darüber ihr netz gesponnen
und mit ihrem klebrigen speichel die schranken
der träume geschlossen.
So ist es immer: der engel mit dem feuerschwert,
die spinne, das gewissen.

Zbginiew Herbert

Der Teufelskreis der Erziehung

Unsere eingebaute Kindersicherung ist ein altbewährtes, geprüftes System, das seit Generationen funktioniert. Man kann sie auch als Teufelskreis bezeichnen, der sich immer wieder von selbst erneuert, oder als Karussell, das sich dreht, dreht, dreht ... Zur Orientierung folgt hier eine Choreographie des kleinen Rondos, das wir alle tanzen, eine Anatomie des Teufelskreises von Angst, Schuld, hilfloser Liebe und gutem Willen:

- Das kleine Kind wird erzogen, damit es „gut", „brav" und angepasst wird. Leider ist es den meisten Erwachsenen nicht möglich, dem Kind etwas beizubringen, ohne es – bewusst oder unbewusst – zu verurteilen, abzulehnen und ihm das Gefühl zu vermitteln, nicht okay zu sein.
- Manche Kinder revoltieren gegen die Erwachsenen, um sich einen Rest Selbstachtung zu bewahren. Doch der Same des Zweifels ist gelegt und sie werden zu Erwachsenen, die immer kämpfen müssen, um das Gefühl zu haben, okay zu sein.
- Andere gewinnen ihre Selbstachtung dadurch, dass sie zu den „besten", „bravsten" und „gelehrigsten" Kinder werden, doch dabei geben sie auf, wer sie wirklich sind.
- Das Kind wächst heran. Sein ursprüngliches Gefühl von Einheit mit sich selbst hat es verloren. Es findet sich nicht mehr okay so, wie es ist, sondern versucht immer noch unbewusst, es den Eltern recht zu machen oder gegen sie zu rebellieren (zwei Seiten derselben Münze).
- Das Kind ist nun erwachsen geworden. Ohne seinen ursprünglichen Selbstwert und den Kontakt zu seiner Seele sucht es im Außen nach dem Glück, dem Paradies auf Erden (und sucht in Wirklichkeit sein eigenes Sein). Dafür strengt es sich maßlos an. Außerdem kritisiert und beschimpft es sich innerlich ständig – mit der Stimme seiner früheren Erzieher.
- Aus einem Kind mit vielen Potenzialen und der Kraft, sich zu einem einzigartigen Individuum zu entwickeln, ist ein

unglücklicher Erwachsener geworden, der nun seinerseits Kinder bekommt.

- Die Kinder erinnern ihn unbewusst an seine eigene Kindheit – das Kind, das er einmal war, ist in seinem Inneren ja noch lebendig und möchte frei sein. Doch alles, was er damals gelernt hat, wird auch laut: Benimm dich! Sei still! Reiß dich zusammen! Ein Kind darf nicht verwöhnt werden! Tue dies und lasse das!
  Nun nimmt er automatisch die „Elternrolle" ein und erzieht seinerseits ein Kind – genau wie er selbst erzogen worden ist.
- Oder er will es auf keinen Fall seine Eltern gleichtun (die er ablehnt und gegen die er immer noch revoltiert). Stattdessen gibt er seinem Kind jede Freiheit, die es begehrt. Er sieht nicht das Kind, das in der Realität vor ihm steht, sondern sich selbst, wie er in der Vergangenheit war, und behandelt das Kind so, wie er glaubt, es damals gewünscht zu haben. Das Fatale ist, dass er dabei denselben Fehler macht, wie damals seine Eltern: Er hat ein Konzept, das sich an der Vergangenheit orientiert. Das reale Kind, das er vor sich hat, sieht er nicht. Er will seine eigene Vergangenheit heilen und bürdet die eigene Geschichte seinem Kind auf.
- Und was wird aus den Kindern, die so heranwachsen? Auch sie entwickeln das Gefühl, nicht okay zu sein, wie sie sind – also passen sie sich an oder revoltieren ...
  Das ist der Teufelskreis der Erziehung, in dem wohlmeinende Erwachsene ihre Verletzungen an die Kinder weitergeben, ohne es zu ahnen – und in dem eben diese Kinder zu Erwachsenen werden, die wiederum ihre Verletzungen an die Kinder weitergeben.

Man spricht anhaltend davon, das Kind müsse zur Persönlichkeit erzogen werden. Ich bewundere selbstverständlich dieses hohe erzieherische Ideal.
Wer aber erzieht zur Persönlichkeit? Das sind an erster und

wichtigster Stelle die gewöhnlichen, inkompetenten Eltern, die oft selber zeitlebens halbe oder ganze Kinder sind. Unser Erziehungsproblem leidet allgemein am einseitigen Hinweis auf das zu erziehende Kind und an der ebenso einseitigen Nichtbetonung der Unerzogenheit der erwachsenen Erzieher. Im Erwachsenen steckt nämlich ein Kind, ein ewiges Kind, ein immer noch Werdendes, nie Fertiges, das beständiger Pflege, Aufmerksamkeit und Erziehung bedürfte. Wer erziehen will, sei selbst erzogen.

C. G. Jung, *Vom Werden der Persönlichkeit, Vortrag 1932 in Wien.*

Und wer ist schuld an dem Dilemma? Keiner ist schuld! Jeder versucht sein Bestes zu geben, Kinder und Erwachsene gleichermaßen, und gemeinsam drehen sie sich im Kreise wie auf einem traurigen, schicksalhaften Karussell, das in alle Ewigkeit weitertrudelt.

Die Befreiung des inneren Kindes

Es ist Abend geworden. Die Sonne geht im Westen unter und der Rauch der Bratwurstbuden legt sich wie Nebel um die Bäume. Wir sind des Kreisens müde. Die Lichtlein flackern trübe und die ewig gleiche Jahrmarktsmusik klimpert in unseren Ohren. Wie wär's? Sollen wir nicht einfach aus dem Karussell aussteigen? Sollen wir es wagen, den Teufelskreis zu verlassen?

Eins dürfen wir dabei nicht vergessen: Egal was wir unternehmen und wo wir uns hinwenden, das unentwickelte, unterdrückte und verletzte Kind in unserem Inneren geht mit. Es will endlich gesehen, erkannt und geliebt werden. Es will frei sein und hat doch nur gelernt, sich anzupassen oder zu rebellieren – also drängt es uns in die Anpassung oder die Rebellion, ob wir wollen oder nicht. Es hofft schließlich immer noch, dass es endlich, endlich glücklich werden wird, wenn es sich nur stark genug bemüht – das haben wir ja schon im letzten Kapitel erfahren.

Doch da Sie und ich inzwischen große Lust haben, das Karussell zu verlassen und den Rest des Jahrmarktes (des Universums) in Augenschein zu nehmen, ist es an der Zeit, sich für den dritten Schritt auf unserer Reise zu entscheiden: den Schritt in die Heilung oder genauer gesagt, den Schritt in die Versöhnung mit sich selbst, die alle alten Wunden heilt.

Um zu verhindern, dass Menschen einander anfeinden,
hat man sie gelehrt, die anderen statt sich selbst zu lieben.
Dies führt zur Selbstverachtung.
Außerdem erhebt sich die Frage, wie ein Mensch in der Lage sein soll, andere zu lieben, wenn er sich nicht selbst liebt.
Vieles deutet darauf hin, dass erst Selbstliebe es ermöglicht, andere zu lieben.
Ein gesundes Selbstwertgefühl und Egoismus sind keineswegs das Gleiche.

Virginia Satir, *Kommunikation, Selbstwert, Kongruenz*

Hier ist das Formular, das es zu unterschreiben gilt, bevor Sie aus dem Teufelskreis des Karussells entlassen werden:

> Mir ist bewusst, dass die Ängste, Verletzungen und unerfüllten Sehnsüchte des Kindes, das ich einmal war, immer noch mein Leben bestimmen. Ich weiß auch, dass dieses Kind nichts anderes braucht, als verstanden und geliebt zu werden, wie es ist.
> Es ist mir außerdem bewusst, dass ich selbst mit meinen inneren Urteilen und Verboten, mit meiner Kritik und Unnachgiebigkeit die Lebendigkeit des Kindes unter Verschluss halte. Und nur ich kann die Kindersicherung aufschließen.
> Hiermit erkläre ich mich bereit, mein inneres Kind kennen zu lernen und ihm mit Verständnis und Liebe zu begegnen.
> Ich bin auch bereit, mir das Urteilen und Kritisieren abzugewöhnen, mit dem ich mich selbst und mein inneres Kind immer wieder belaste.
> Außerdem werde ich üben, geduldig und liebevoll mit mir selbst zu sein und nicht aufzugeben, wenn ich ab und zu in strenge, kritische Verhaltensweisen zurückfalle.
>
> Datum ______________________________
>
> Unterschrift ______________________________

In Wirklichkeit sind Sie ja selbst das Kind, und wenn Sie es befreien, geben Sie *sich* die Freiheit. Sie versöhnen sich mit sich selbst. Sie beginnen, den inneren Funken immer stärker zu entfachen und die Flamme der Seele leuchten zu lassen.
Wenn Sie mit sich einverstanden sind, so wie Sie sind, und wenn Sie sich lieben, ohne Bedingungen zu stellen, sind Sie ein

glücklicher Mensch. Sie ruhen in sich, haben einen gesunden Selbstwert und wissen, was Sie wollen.

Die tiefste Quelle des Unglücks ist es,
nicht geliebt zu werden, wie man ist.
Und die Möglichkeit, sich zu entfalten und
wirklich man selbst zu sein, ist das größte Geschenk,
das man sich selbst machen kann.

Christine Bolam

Im letzten Kapitel haben Sie schon geübt, sich Ihren inneren Wetterlagen gegnüber zu öffnen und die gnadenlosen Urteile in ein mutiges „Ja“ umzuwandeln. Das ist eine Übung, die es immer wieder zu machen gilt – vielleicht ein Leben lang. Das Klima von Akzeptanz, das auf diese Weise in uns entsteht, ist die beste Basis für die Begegnung mit unserem inneren Kind. Es ist der Nährboden für wahres Glück.

Kontakt zum inneren Kind

Stellen Sie sich vor, Sie säßen seit ewigen Zeiten in einer Zelle. Immer, wenn Sie sich bemerkbar machen, wird eine dicke Eisentür geschlossen – Ihre Lebenszeichen stören oder sind den anderen unangenehm.

Sie aber sind nur ein kleines, allein gelassenes Kind, das nicht versteht, warum es hierhin verdammt wurde. Niemand ist an Ihnen interessiert. Sie könnten auch sterben und es würde keinen kümmern.

Jetzt hören Sie plötzlich Geräusche. Die Eisentür wird geöffnet. Da kommt jemand!

Sie sind voller Erwartung, wer das sein mag. Aber zugleich haben Sie seit vielen, vielen Jahren so viel Ablehnung und Missachtung erfahren, dass Sie ganz misstrauisch geworden sind. Wenn jemand Kontakt mit Ihnen möchte, vielleicht sogar mit Ihnen reden, Ihnen helfen, dann werden Sie nicht plötzlich strahlend hervorspringen. Wer weiß, was der Besucher wirklich will? Ob man ihm vertrauen kann? Ob wieder Urteile, Ablehnung, Verlassenwerden, Kritik oder sogar Schläge und Gewalttätigkeiten kommen?

Wenn Sie sich auf den Weg zum inneren Kind machen, müssen Sie Ihr Herz mitnehmen. Sie müssen Geduld üben und bereit sein, immer wieder zu kommen. Das Kind braucht Ihre Liebe – ohne irgendwelche Bedingungen. Wenn Sie das (noch) nicht geben können, reicht Ihr offenes, urteilsfreies Interesse – schließlich sind Sie *wirklich* an Ihrem inneren Kind interessiert: Wie geht es ihm? Was kann es mir sagen? Was braucht es?

ÜBUNG

Nehmen Sie sich eine halbe Stunde Zeit, in der Sie ungestört sind. Die Übung beginnt in Ihrem inneren Garten:

- Setzen Sie sich bequem hin, vielleicht mit einer Decke, und schließen Sie die Augen.

- Spüren Sie zunächst Ihren Körper (etwa 5 Minuten), dann richten Sie Ihre Aufmerksamkeit auf das innere Wetter: Ist es hell, dunkel, kalt, warm, regnerisch, trocken, sonnig, heiter oder stürmisch? Herrscht im Inneren Enge oder ist da viel Raum? Versuchen Sie, nichts zu ändern. Alles ist richtig, so, wie es ist.
- Beginnen Sie nun, Ihren inneren Garten wahrzunehmen, zu fühlen oder fühlend zu sehen. Nehmen Sie sich Zeit, anzukommen.
- Nun sehen, ahnen oder fühlen Sie in der Ferne des Gartens eine kleine, verlorene Gestalt – Ihr inneres Kind. Nehmen Sie sich Zeit. Lassen Sie es von selbst erscheinen.
- Legen Sie Ihre Hand auf Ihr Herz. Fühlen Sie die Liebe in Ihrem Herzen – diese Liebe soll Sie auf dem Weg zu Ihrem inneren Kind leiten.
- Gehen Sie langsam auf das Kind zu. Vielleicht kommt es Ihnen gleichzeitig auch entgegen. Wie fühlt es sich an oder wie sieht es aus? Welchen Eindruck macht es auf Sie?
- Achten Sie darauf, was Sie fühlen. Spüren Sie Ihr Herz noch? Atmen Sie tief durch.
- Gehen Sie so nahe auf das Kind zu, wie es in diesem Augenblick richtig erscheint. Vielleicht nehmen Sie es in den Arm, vielleicht auf den Schoß, vielleicht stellen oder setzen Sie sich ihm aber auch nur gegenüber.
  Sie selbst werden wissen, was passend ist.
- Spüren Sie Ihr Herz noch? Atmen Sie tief durch.
  Lassen Sie das Kind in der Liebe Ihres Herzens baden. Falls es passt, sagen Sie zu dem Kind: „Ich liebe dich".
- Nehmen Sie sich etwas Zeit, mit dem Kind zusammen zu sein.
- Fragen Sie das Kind, wie es ihm geht. Fragen Sie, ob es etwas braucht. Seien Sie aufmerksam – vielleicht gibt Ihnen das Kind keine Antwort, sondern ein Zeichen. Vielleicht eine Antwort, die Sie nicht verstehen. Alles ist richtig – Sie werden es später verstehen. Wichtig ist, dass Sie offen für alles sind, was kommt, ohne Urteil, Ablehnung oder Ungeduld.
- Danken Sie dem Kind dafür, dass es gekommen ist. Fragen Sie es, ob es zum Abschied noch etwas sagen will. Wenn ja, hören Sie aufmerksam zu.

- Verabschieden Sie sich von dem Kind – auf Ihre Weise. Sagen Sie ihm, das Sie bald wiederkommen.
- Beginnen Sie nun, Ihr inneres Wetter zu spüren.
  Fühlen Sie Ihre Körpergrenzen. Den Raum, in dem Sie sitzen. Wenn Sie soweit sind, öffnen Sie langsam die Augen. Recken und strecken Sie sich, um wieder im Alltagsbewusstsein anzukommen.
- Schreiben Sie auf, was Sie erlebt haben.
- Malen Sie den Garten mit dem Kind und hängen Sie das Bild an einer Stelle auf, die ein gutes Zuhause für das Kind bietet.
- Sprechen Sie in der nächsten Woche ab und zu mit Ihrem inneren Kind – vielleicht abends vor dem Einschlafen.

Falls Sie die Übung zu zweit oder zu mehreren gemacht haben, können Sie nun üben, einander zuzuhören, ohne Vorschläge, Analysen oder „guten Rat" anzubieten. Das Kind hat in seinem Leben genug davon gehört und braucht es nun, sich einfach zeigen zu dürfen, ohne gleich wieder gegängelt zu werden – wenn es auch noch so gut gemeint ist.
Vergessen Sie nicht: Auch die damalige Erziehung war wirklich gut gemeint!

Mach, dass er seine Kindheit wieder weiß,
das Unbewusste und das Wunderbare,
und seiner ahnungsvollen Anfangsjahre
unendlich dunkelreichen Sagenkreis.

Rainer Maria Rilke

Was wir ablehnen

In allem, was in uns liegt, ist etwas Gutes verborgen. In allem, was wir ablehnen und unterdrücken, sind die Talente, Kräfte und Energien verborgen, die wir uns eigentlich wünschen.
Es gibt viele Wege und Methoden, die verborgenen Schätze zu heben und mit den Drachen, die uns auf dem Wege begegnen, umzugehen. Doch am Anfang steht in jedem Fall der klare, kraftvolle Entschluss, sich selbst mit allem, was in einem ist, lie-

bevoll anzunehmen – auch die eigene Schüchternheit, Angst, Unsicherheit, Gier, Ungeduld, Eifersucht und alles, was Ihnen einfällt. All diese Gefühle lüften ihr Geheimnis erst, wenn sie *sein dürfen.* Im vorherigen Kapitel haben Sie begonnen, es ihnen zu erlauben.

So werden Sie zu demjenigen Erwachsenen, den das Kind so dringend gebraucht hätte: dem liebevollen und reifen Menschen, der es annimmt, wie es ist. Sie beginnen, wirklich erwachsen zu werden und für sich selbst die Verantwortung zu übernehmen.

ÜBUNG

Nehmen Sie Papier und einen Stift zur Hand und beantworten Sie ein paar Fragen.

Das Ganze dauert vielleicht eine halbe Stunde, und es ist gut, in dieser Zeit ungestört zu sein. Beginnen Sie mit der STOPP-Übung. Halten Sie einen Augenblick inne und fühlen Sie sich selbst, Ihren Körper, Ihr inneres Wetter. Versuchen Sie, beim Antworten auf diese Weise mit sich in Kontakt zu bleiben.

- Was wollten Sie schon immer tun, trauen sich aber nicht? (3 Beispiele)
- Was wären die schlimmsten Fehler, die Sie machen könnten? (3 Beispiele)
- Was würden Sie an sich ändern, wenn Sie könnten? (3 Beispiele)
- Was lehnen Sie an Ihrem Aussehen ab und warum? (3 Beispiele)
- Nennen Sie fünf Gründe, warum man Sie ablehnen könnte. (3 Beispiele)
- Welche Gefühlsausdrücke finden Sie albern, dumm oder zu viel – bei sich und bei anderen? (3 Beispiele)

Fertig? Lesen Sie Ihre Antworten noch einmal durch. Entscheiden Sie bei jeder Frage, welche der 3 Antworten Ihnen am meisten aus der Seele gesprochen ist.

Unterstreichen Sie sie, um sie zu kennzeichnen – oder schreiben Sie sie auf einen Extra-Zettel.
Dann stellen Sie sich zu jeder dieser 6 herausgefilterten Antworten die Frage: „Welches Verbot oder welches Urteil steht dahinter?"
Schreiben Sie die Antwort (oder Antworten) auf.

Ein Beispiel:
Sie wollten immer schon mal auf die Zugspitze klettern, trauen sich aber nicht.
Als Sie nach dem inneren Verbot forschen, kommen Sie darauf, dass es lautet:: „Das ist zu gefährlich und außerdem Zeitverschwendung. Überlass das denen, die es können."
Oder:
Sie finden es peinlich, laut zu lachen.
Das Urteil dahinter lautet: „Stell dich nicht so zur Schau! Die anderen denken, du bist unsensibel."

Nun sind Sie dran, Ihre eigenen Antworten zu finden und aufzuschreiben.
Wenn Sie fertig sind, sagen Sie noch einmal STOPP und fühlen nach innen. Wie ist das Wetter jetzt? Was für ein Gefühl ist es, sich mit den Verboten und Urteilen zu beschäftigen? Notieren Sie auch das.

Im Laufe der Woche:

Nehmen Sie sich an jedem der folgenden sechs Tage zehn Minuten Zeit für eine der sechs ausgewählten Antworten – am besten immer morgens oder immer abends zu einer festen Zeit. Dann ist es leichter, dranzubleiben.
Sehen Sie die Frage und Ihre Antwort noch einmal an und auch die Urteile oder Verbote, die Sie entdeckt haben. Erinnern Sie sich an die Zeit in Ihrem Leben, als diese Urteile und Verbote ausgesprochen oder wortlos vermittelt wurden? Von wem?
Fühlen Sie das kleine oder ältere Kind, das Sie damals waren. Vielleicht können Sie seine Frustration, seinen Zorn, seine Angst oder seine Hilflosigkeit fühlen.

Spüren Sie nun Ihr Herz. Fühlen Sie die Liebe und das Wohlwollen, die in Ihrem Herzen zuhause sind.
Wie wäre es, dem Kind aus vollem Herzen Ihre Liebe zu schenken, ohne Bedenken, Urteil oder Vernunft? Egal, ob Sie das alte Urteil richtig oder falsch finden – geben Sie dem Kind Ihre Liebe. Sagen Sie ihm, dass Sie bei ihm sind, und seinen Zorn, seine Angst oder seine Verzweiflung verstehen.

Wenn Sie im Laufe einer Woche alle sechs Antworten durchgespielt haben, können Sie, falls Sie möchten, weitere sechs Antworten heraussuchen und dieselbe Übung mit ihnen machen.
Vielleicht wollen Sie aber auch etwas Zeit verstreichen lassen und später noch einmal auf diese Übung zurückkommen.

Aussöhnung mit sich selbst

Wenn Sie verstehen, wie sehr Sie sich selbst einschränken, unterdrücken und verurteilen, können Sie beginnen, einen grundlegenden Heilungsprozess einzuleiten.

Sie haben sich daran gewöhnt, sich selbst mit Verachtung zu betrachten und auf eine Weise herabzusetzen, die Sie niemand anderem erlauben, geschweige denn zumuten würden, weil sie einfach zu gemein ist.

Byron Brown, *Befreiung vom inneren Richter*

Sie üben, Ihrem Selbsthass, Ihrer Selbstkritik und Ihren Selbstverurteilungen auf die Schliche zu kommen, ohne sich dafür zu verurteilen, sich so schlecht behandelt zu haben.
Sie betrachten sich selbst und alles, was Sie an sich entdecken, immer wieder mit Liebe, Mitgefühl und ehrlichem Interesse.
Sie vergeben sich selbst.

Viele Menschen sind in ihrem Leben oft und schwerwiegend verletzt, misshandelt, alleingelassen, übergangen, bedroht und betrogen worden und fühlen sich auch heute noch als ohnmächtige Opfer. Sie sind wütend, hilflos, frustriert, traurig und voller Groll. Ihre damaligen Gefühle hätten sich eigentlich auf diejenigen richten müssen, die ihnen Unrecht zugefügt haben, konnten aber nicht ausgedrückt werden, weil die Gefahr zu groß war. Nun schwelen Hass, Hilflosigkeit und Groll weiter vor sich hin, kommen von Zeit zu Zeit (ungerechtfertigt) zum Ausbruch oder verwandeln sich im Inneren in Selbsthass, Selbstzerstörung und Krankheit. Die böse Tat oder die alte, unbewusste Verletzung wirkt immer noch weiter.

Wer unter solch heftigen emotionalen Traumen leidet, tut gut daran, sich zunächst Hilfe und Unterstützung zu holen, um den Teufelskreis zu durchbrechen und die alte Opferrolle aufgeben zu können. Für ihn oder sie ist es wichtig, professionelle Hilfe bei einem Menschen zu finden, der auf dem Wege der Heilung eigene, tiefe Erfahrungen gemacht hat und ein ehrliches, liebevolles Gegenüber sein kann – frei von Vorurteilen, Angst und versteckter Kritik.

In einem Klima von Akzeptanz und Liebe kann der verletzte Mensch im Laufe der Zeit lernen, sich selbst mit den Augen der Liebe zu betrachten und anzunehmen.

Erst dann kann wahre Heilung beginnen. Seine tiefsten Tränen können zu Perlen, seine schrecklichsten Ängste zu grenzenlosem Mitgefühl und seine schwärzester Zorn zu unbändiger Lebenskraft werden.

Wir kommen an unseren inneren Drachen und Monstern nicht vorbei, so sehr wir uns vielleicht wünschen, nur noch liebenswert, hell, rein und strahlend zu sein. Schließlich haben wir unser ganzes Leben mit dem Versuch zugebracht, uns in einen netteren, schöneren, passenderen, erfolgreicheren und glücklicheren Menschen zu verwandeln – und was hat es uns gebracht?

Die alten Gewohnheiten werden uns immer wieder einholen – unsere eingefleischte Selbstablehnung und Kritik sitzen einfach zu tief.

Können Sie sich dafür vergeben, immer wieder in der alten Rille festzuhaken? Der Schritt in die Versöhnung verlangt jedes Mal aufs Neue von uns, ehrlich aber sanft mit uns selbst zu sein, mutig zu spüren, was wirklich in uns ist, ein offenes Ohr für unsere eigenen Nöte zu haben und ein großes, weites Herz für unsere wundervolle, zutiefst menschliche Unvollkommenheit.

ÜBUNG

Eine Erweiterung der täglichen STOPP-Übungen.

- Wenn Sie im Laufe des Tages daran denken, sagen Sie leise STOPP!, und halten Sie für einen Augenblick mit Ihrem Tun und Denken inne.
- Fühlen Sie sich selbst und Ihr inneres Wetter.
- Hüllen Sie alles, was Sie in sich spüren, in leuchtende, warme Liebe.
- Atmen Sie tief durch und lassen Sie das Gefühl von Liebe durch alle Zellen des Korpers strömen.
- Vielleicht müssen Sie plötzlich lächeln ...
- Nehmen Sie das innere Lächeln mit in den Tag.

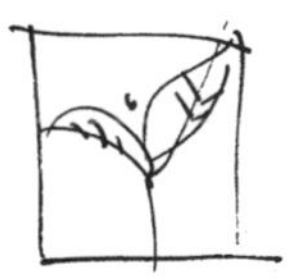

4
Der Schritt ins Herz

Zeit mag eine Funktion des Raumes sein –
Ewigkeit ist eine Funktion des Herzens.
David Steindl-Rast

Vierundzwanzig Mal war der Hase nun schon hin- und hergelaufen. Der Abend nahte, und verzweifelt setzte er zum fünfundzwanzigsten Sprint an. Sein anfänglicher Stolz war ihm schnell abhanden gekommen: Er hatte geglaubt, den Igel gleich beim ersten Mal spielend zu schlagen, doch als er siegessicher lächelnd durchs Ziel lief, saß der schon frech und rund vor ihm und verkündete: „Ich bin schon da!"
Der Hase hatte sich natürlich nichts anmerken lassen, sondern war sofort zur zweiten Runde gestartet. Doch es ging einfach nicht mit rechten Dingen zu: Immer, wenn er am Ziel ankam, saß der Igel schon da und wiederholte ungerührt sein Sprüchlein.
Sechsundzwanzig Runden, siebenundzwanzig Runden ...
Ob der Hase wohl heute noch läuft?

Ja, er läuft noch!
(Wie lautete doch der Werbespruch in den siebziger Jahren?: „Er läuft und läuft und läuft ...")
Anders als in Grimms Märchen, wo Meister Lampe zum Schluss zusammenbricht und stirbt, läuft unser Hase immer noch.

Falls Sie das Märchen vom Hasen und Igel nicht mehr kennen, hier eine Kurzversion:

> *Der Hase, Herr des Feldes, auf dem der Igel spazieren ging, hatte sich über dessen krumme Beine lustig gemacht. „Sollen wir wetten, dass meine Beine mindestens so gut sind wie deine?", fragte der Igel, und der Hase willigte ein: Um einen Taler und eine Flasche Branntwein wollten die beiden um die Wette laufen.*
> *Nun hatte der Igel eine Frau, die glich ihm wie ein Ei dem anderen, und als der Wettlauf begann, setzte diese sich heimlich an das Ziel der Rennstrecke. Der Hase, eifrig, blind und siegessicher, merkte gar nicht, dass er es nicht mit seinem Wettpartner zu tun hatte, wenn er durchs Ziel lief und die Igelin sagen hörte: „Ich bin schon da."*
> *Am anderen Ende wartete dann schon der Igel auf ihn, der sich nicht ein Stück von seinem Platz gerührt hatte und auch sein Sprüchlein sagte: „Ich bin schon da!".*
> *Dem Hasen fiel die List nicht auf. (Wie leicht es doch ist, unbewusst zu sein, wenn man es eilig hat oder zu sehr von sich selbst überzeugt ist!)*
> *Er spielte das böse Spiel bis zum bitteren Ende und brach in der vierundsiebzigsten Runde tot zusammen.*
>
> (Frei nach Gebrüder Grimm)

Ja, wo laufen sie denn?

Sie und ich wissen natürlich längst, wo ... naja, wo der Hase im Pfeffer liegt. Wenn er doch einfach mal STOPP sagen und anhalten würde! Doch vom Wettbewerb und dem Gefühl getrieben, sich noch mehr bemühen und noch schneller laufen zu müssen, um zu gewinnen, nimmt er sich keinen Moment Zeit, aufzuwachen und genauer hinzuschauen. Das ist wie eine Hypnose, ein Bann, dem er erlegen ist.

(*Hase: Runde achtundzwanzig*)

Die ganze Gesellschaft, in der wir leben, steht unter demselben Bann, derselben Hypnose.

„See how they run!“ sangen die Beatles in der sechziger Jahren: „Seht, wie sie laufen!“
Oder Loriot in seinem berühmten Sketch vom Pferderennen: „Ja, wo laufen sie denn? Wo laufen sie denn? Wo laufen sie denn?“

(*Hase: Runde neunundzwanzig*)

Sie laufen in Geschäften, Büros und Küchen, in den langen Fluren der Verwaltungen, auf Landstraßen und Autobahnen, in den Vorstandsetagen und auf den Boulevards, an der Börse, mit dem Staubsauger, dem Handy, den Einkaufstüten ... und abends beim Fernsehen – da *lassen* sie laufen.

(*Hase: Runde dreißig*)

Und sie sehen zu und knabbern Nüsse und trinken Bier, und im Kopf laufen sie immer weiter.

Stellen Sie sich vor, ein mächtiger Geist würde über dieser Welt erscheinen und „STOPP!“ sagen.
Alles würde anhalten, jeder würde – nicht wie bei Dornröschen in Schlaf fallen, sondern aufwachen.

Sich wahrnehmen. Die anderen wahrnehmen. Bewusst fühlen, sehen und hören. Entzückt und vielleicht auch erschreckt feststellen: „Oh! Das bin ja ich! Ich lebe! Die Welt lebt! Alles um mich her ist lebendig, mysteriös, schrecklich und schön!"
Dann würden alle merken, dass ALLES schon da ist.

Das Universum singt sein ewiges Lied – leise, hinter dem Lärm der laufenden, planenden, sorgenvollen und verängstigten Menschheit verborgen. Was singt es?
Es singt: „Ich bin schon da!"
In der Stille, die eintritt, wenn wir innehalten, können wir es hören.

(*Einunddreißigste Runde. Der Hase hört das mächtige „STOPP", lässt sich erschöpft ins Gras fallen und betrachtet nun versonnen den Himmel. „Da war irgendwas faul!", stellt er endlich fest, „wieso hatte der Igel jedes zweite Mal eine Schürze an?"*)

Wenn Sie lernen, innezuhalten und zu sich zu kommen, begegnen Sie also nicht „nur" sich selbst, sondern letztendlich dem gesamten Universum oder dem Sein. Es ist ja immer schon da, genau wie die beiden Igel, nur braucht es keine Tricks, kein Netz, keinen doppelten Boden.
Sie erwachen am Morgen, und das Sein ist da.
Sie erinnern sich im Laufe des Tages – es ist da.
Sie haben es schon längst vergessen, viele Jahre lang, aber es ist da.
Sie schlafen in tiefer Nacht, träumen von grünen Wiesen und das Sein ist da, unbeirrt.

Das Sein ist da und Sie können lernen, jeden Augenblick aufs Neue darin einzutauchen und Zugang zu seiner Weisheit, Wahrheit und Intuition zu gewinnen.
Sie können lernen, mit wachen Augen zu sehen, was *wirklich* ist.
Sie können sich mutig entscheiden, Ihr Leben und Streben an der

Wahrheit zu orientieren. Dann steht alles, was Sie tun, auf festen Füßen, denn es hat sein Fundament in der Realität des Seins.

Das mag ziemlich großartig, sogar mystisch klingen, ist aber die einfachste Sache der Welt:
Wenn Sie gelernt haben, sich immer wieder aufs Neue zu vergewissern, dass Sie mit Ihrem Weben und Streben im Einklang mit dem Sein sind, befinden Sie sich in der Realität – eins mit dem, was *ist*.
Sie prüfen immer wieder, ob Sie noch *mit* dem Strom des Lebens schwimmen, oder schon längst gegen ihn.
Sie versuchen nicht länger, Fantasien zu verwirklichen, die kläglich an der Realität scheitern müssen, sondern entwickeln Ihre Fantasien und Träume im Einklang mit dem Sein – mit dem, was ist.
Sie sind kein Einzelkämpfer mehr, der versucht, sich mit der Realität anzulegen und gegen ihre Wahrheit – die unendlich viel größer ist als er selbst – Recht zu behalten. Nein, Sie machen die Realität zu Ihrer größten Verbündeten. Sie *träumen* Ihr Leben nicht länger, sondern leben es *wirklich*, voll und ganz.

Mit dem Herzen sehen

Die Fähigkeit, immer wieder in Kontakt mit der Realität zu treten, ist die Fähigkeit, mit dem Herzen zu sehen.
Zwar hält sich unser Kopf mit seinem klaren Denken für den Experten in Dingen Wahrheit und Realität – aber wie Sie schon in den vorigen Kapiteln gelernt haben, ist unser Denken oft von alten Vorstellungen getrübt und beeinflusst. Diese Vorstellungen und Sichtweisen hatten zwar irgendwann ihre Gültigkeit, passen aber oft nicht mehr zu der neuen Situation, in der wir uns *jetzt* befinden.
Ihre Fähigkeit, die gegenwärtige, immer wieder neue Situation in jedem Augenblick frisch zu betrachten, ist dem Kopf alleine nicht gegeben – er braucht die Kooperation des Herzens, seine unverblümte, unverstellte Sicht.

Wenn der Kopf der Experte für das Denken und das Tun ist – beides Betätigungen, die in der linearen Zeit stattfinden –, dann ist das Herz für die Ewigkeit zuständig. Oder anders ausgedrückt: Wenn die Vernunft, der Verstand und das klare Planen und Denken Funktionen des Kopfes sind, dann ist die Intuition eine Funktion des Herzens. Unsere Fähigkeit, die innere und äußere Welt direkt und ohne Konzepte wahrzunehmen – jetzt, jenseits der Zeit, in einem wortlosen, ewigen Moment –, entspricht unserer Intuition.

Die Intuition ist keine beeindruckende Gabe,
die nur wenigen Hellsichtigen vorbehalten ist.
Sie hat weniger damit zu tun, die Zukunft zu deuten,
sondern damit,
echter und authentischer in die Gegenwart einzutreten.
Unsere Intuition ist immer aktiv – uns so vertraut,
dass wir sie meistens gar nicht bewusst wahrnehmen.

Joan Borysenko

Die Intuition reißt den Schleier unserer festen Vorstellungen für einen Augenblick zur Seite und zeigt uns eine Momentaufnahme der gegenwärtigen Wahrheit.

Am Anfang des Buches haben Sie geübt, *jetzt* fühlend anwesend zu sein. Das war der erste Schritt. Nun können Sie lernen, diese Gegenwärtigkeit zu nützen, um Ihr Denken, Sehen und Verstehen immer wieder frisch und neu einzusetzen, unbelastet von alten, nicht mehr passenden Sichtweisen.
In dem Augenblick, wo Sie STOPP sagen und die Situation, in der Sie sich befinden, mit den Augen des Herzens betrachten, erwacht Ihre Intuition. Das ist der Augenblick, in dem Zeit und Ewigkeit zusammenfallen: Sie schöpfen aus einer Weisheit, die dem Sein oder der Ewigkeit entspringt, und wenden diese Weisheit auf Ihr Leben und Streben in der Zeit an.

Es ist ein Geheimnis aller erfolgreichen und glücklichen Menschen, dass sie den Kurs, den sie verfolgen, immer wieder an der Realität (der Ewigkeit) messen – und gegebenenfalls ändern.

In unserem Leben brauchen wir immer beide: Intellekt und Intuition, Kopf und Herz, Zeit und Ewigkeit. Wer übt, sich in beiden Zonen gleichermaßen zu Hause zu fühlen und die Weisheit des Herzens in das tägliche Leben einfließen zu lassen, lebt ein kreatives, inspiriertes und erfülltes Leben – jeden Augenblick neu.

Übung für Ihre Intuition

- Nehmen Sie sich in dieser Woche jeden Tag etwa zehn Minuten Zeit, um innezuhalten und eine Pause zu machen – am Besten, wenn Sie gerade mitten im Tagesablauf stecken.
- Sagen Sie STOPP! und richten Sie Ihre Aufmerksamkeit auf den Körper und das innere Wetter.
- Spüren Sie nun, wie sich Ihr Herz im Augenblick anfühlt: leicht, schwer, weit, eng, froh, aufgeregt, traurig, still?
- Nehmen Sie nun beides wahr – die Alltagssituation, in der Sie sich befinden, und die Energie Ihres Herzens.
- Fragen Sie Ihr Herz: „Herz, was sagst du mir?" Lassen Sie die Antwort auf ihre eigene Weise erscheinen – als ein inneres Bild, ein Wort, einen Satz, eine Ahnung, ein Gefühl, eine klare Einsicht oder vielleicht ein Lied.
- Falls die Antwort nicht klar genug erscheint, fragen Sie noch einmal nach: „Herz, was willst du mir damit sagen?" oder „Herz, was brauchst du von mir?" und lauschen Sie erneut.
- Üben Sie, diese Art von inneren Antworten ernst zu nehmen und im täglichen Leben umzusetzen.

Wenn Sie diese Übung eine Zeit lang gemacht haben, können Sie sie auch ausweiten:

Innere Führung aus dem Herzen

- Nehmen Sie sich etwa fünfzehn Minuten Zeit, am Besten abends vor dem Einschlafen oder morgens nach dem Aufwachen.

- Richten Sie Ihre Aufmerksamkeit auf den Körper und das innere Wetter.
- Spüren Sie, wie sich Ihr Herz im Augenblick anfühlt: leicht, schwer, weit, eng, froh, aufgeregt, traurig, still? Sagen Sie leise: „Herz, ich bin bei Dir."
- Atmen Sie ein paar Mal tief durch und halten Sie Ihr Herz in Liebe und Zugewandtheit. Fühlen Sie, wie es leichter wird und zu leuchten oder lächeln beginnt. Danken Sie Ihrem Herzen, dass es immer für Sie da ist.
- Nehmen Sie ein Frage, die Sie zur Zeit besonders beschäftigt und mit der Sie sich schon seit einer Weile auseinandergesetzt haben. Lassen Sie diese Frage und alles, was mit ihr zusammenhängt, im Leuchten Ihres Herzens ruhen. Überlassen Sie es Ihrem Herzen, die Antwort zu finden oder bei der Klärung zu helfen. Geben Sie ihm Zeit.
- Die Antwort Ihres Herzens kann in Form eines Satzes, eines Bildes, einer Ahnung, eines Geistesblitzes oder eines Symbols kommen. Nehmen Sie sie an und danken Sie Ihrem Herzen. Wenn Sie sie nicht verstehen, fragen Sie noch einmal nach.
- Üben Sie, die Antwort ernst zu nehmen und in Ihrem Leben umzusetzen.

Hier zwei Beispiele, die illustrieren, auf welch unterschiedliche Weise die Weisheit des Herzens zum Ausdruck kommen kann:

Roland, ein Klient, hatte begonnen, sein Leben mehr an der Weisheit des Herzens auszurichten. Er erzählt:

„Als ich noch zur Schule ging, war ich meistens der Beste in der Klasse. Ich dachte wirklich, ich sei klüger als alle anderen. Ich habe mich dann ganz auf die Fähigkeiten meines Kopfes verlassen und eine akademische Laufbahn eingeschlagen.
Aber schon mit Mitte dreißig hatte ich das Gefühl, ich könnte mich genauso gut pensionieren lassen – alles war so festgelegt, vorhersagbar und öde. Ich sehnte mich nach der Studienzeit zurück: Damals war das Leben noch bunt!

Doch mit zwei kleinen Kindern war die Freiheit vorbei. Schluss mit lustig – dachte ich.
Inzwischen weiß ich es besser: Ich hatte mein Herz völlig vergessen. Mein Denken war starr geworden, meinen Plänen und Ideen mangelte es an Originalität.
Inzwischen lasse ich mich täglich von meinem Herzen leiten. Mitten in der Arbeit nehme ich mir die Zeit, nach innen zu fragen und eine höhere Weisheit – die des Herzens – einzuladen. Meinen Kollegen kann ich das nicht erzählen! Die würden mich für verrückt erklären!
Gerade habe ich ein neues Forschungsprojekt begonnen, das ich mir noch vor einem Jahr nicht zugetraut hätte. Nicht, weil ich nicht die Fähigkeiten besessen hätte, es durchzustehen, sondern weil ich meine eigenen Grenzen viel zu eng gesetzt hatte.
Mein Herz hat mir die Fähigkeit verliehen, zu träumen und gleichzeitig wahrzunehmen, ob meine Träume realisierbar sind. Ich schätze meinen Intellekt und seine Fähigkeiten immer noch – aber ich sehe auch seine Grenzen.
Es steckt so viel mehr in uns, als der Kopf sich jemals vorstellen kann."

Eva, eine Seminarteilnehmerin, berichtet, was sie während der Herzensübung erlebte:
„Ich fühlte mich bedrückt und traurig – die Zeitungsnachrichten über Kriege, Finanzkrisen und Arbeitslose saßen mir in den Knochen. Mein Herz war schwer, mit einer dichten, schwarzen Traurigkeit. Als ich genauer hinfühlte, hüllte mich die Traurigkeit ein wie ein kaltes, schwarzes Gewässer. Ich musste weinen und ließ die Tränen zu.
Da merkte ich, dass meine Hände etwas Warmes hielten. Mit den inneren

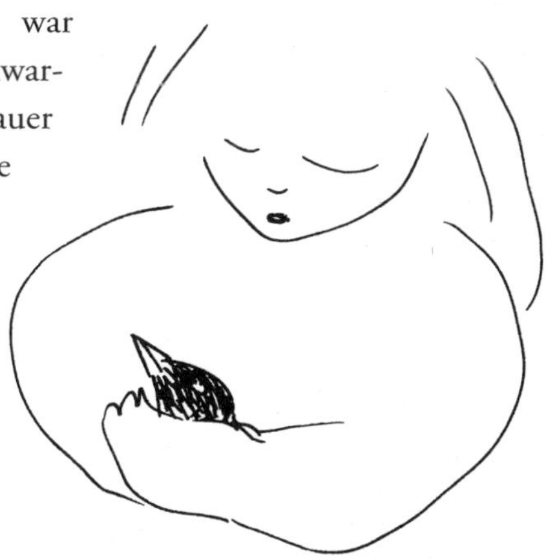

Augen erkannte ich einen kleinen Wildvogel, dessen Federn mit schwarzem Öl verklebt waren. Er erinnerte mich an Berichte von einer Ölkatastrophe vor der spanischen Küste.

Ich hielt den schutzlosen, sterbenden Vogel in meinen inneren Händen und fragte mein Herz: ‚Herz, was kannst du mir sagen? Die Welt ist schrecklich und hart, und ich fühle mich so hilflos.' Da sagte eine leise Stimme in meinem Inneren: ‚Weine für die unschuldigen Vögel, die verwirrten Menschen, die Zartheit dieser Welt. Weine für das ängstliche und erschreckte Kind in deinem Inneren. Halte ihren Schmerz in deinem Herzen.'
Ich hatte das Gefühl, als trüge mein Herz das gesamte Leid der Welt. Es war so schwer. Doch auch die Kraft meines Herzens war zu spüren – die Kraft, das alles liebevoll zu halten. Ich atmete tief durch, und nach einer Weile begann die Schwärze in meinem Inneren langsam eine goldene Farbe anzunehmen. Mir wurde auch wärmer.
‚Egal was passiert', hörte ich die Stimme sagen, ‚höre niemals auf zu lieben.' Da war tiefe Dankbarkeit und das Gefühl, eine Aufgabe zu haben. Was mich auch tief beeindruckt hat, war die unglaubliche Kraft des Herzens, die härteste Realität liebevoll zu halten."

Indem jeder Einzelne lernt, um der Liebe willen zu lieben, wird die Schwere der Welt leichter werden, denn die Liebe trägt das Element der Leichtigkeit, wo Schwere und Dunkelheit waren. Die Liebe beginnt in jedem einzelnen Menschen, schau also in dein eigenes Herz und bringe sie hervor.

Eileen Caddy, *Herzenstüren öffnen*

Das Herz nimmt zu allen Fragen Ihres Lebens auf klare, starke und liebevolle Weise Stellung. Wenn Sie den Kontakt zu Ihrem Herzen im Alltag üben und nutzen, werden Sie erleben, wie die Stimme der Intuition Ihr Leben bereichert und verwandelt. Gibt es dann schwierige, komplexe und entscheidende Fragen oder Probleme zu lösen, steht Ihnen das Herz genauso zur Ver-

fügung: als couragierter, liebevoller und kompromissloser Begleiter, der in allem den simplen Kern von Wahrheit sieht.
Sie brauchen nur kurz innezuhalten, alle eingefahrenen Vorstellungen beiseite zu legen und sich Ihrem Herzen anzuvertrauen – seine Weisheit öffnet immer wieder neue Türen und Fenster, durch die Intuition und Inspiration Eingang in Ihr Leben finden können.

Wenn wir immer nur auf unsere Vernunft hören würden,
hätten wir nie den Mut, uns zu verlieben,
Freundschaften zu schließen oder ein Business aufzubauen.
Wir wären viel zu abgeklärt.
Doch wir müssen immer wieder von den Klippen springen
und im freien Fall unsere Flügel entwickeln.

Ray Bradbury

Der Sprung von den Klippen ist der Sprung ins Unbekannte. Wir springen aus dem gewohnten, vom Verstand vorgegebenen Bezugsrahmen und öffnen uns der Möglichkeit, dass alles vielleicht ganz anders ist.
Für einen Augenblick lassen wir zu, gar nichts zu wissen.
Einen Augenblick lang kommt uns die Welt vor, als sei sie gerade erst entstanden, jungfräulich und unbelastet, rein wie frisch gefallener Schnee. Und plötzlich beginnt die Intuition, zu uns zu sprechen. Sie hinterlässt ihre Fährten wie die ersten Fußstapfen eines Hasen, einer Krähe oder eines Menschen, und diese Fährten kann nur unser Herz entziffern.

Man sieht nur mit dem Herzen gut.
Das Eigentliche bleibt den Augen verborgen.

Antoine de Saint Exupery

Das Herz macht Kontakt mit der Welt

Wir fühlen uns glücklich, wenn wir den Eindruck haben, mitten in der Welt zu stehen, am Leben teilzuhaben, dazuzugehören. Dieses Gefühl, Teil eines größeren Ganzen zu sein, findet im Herzen statt.

Es verleiht uns die Fähigkeit zu wahrer Kommunikation und Kooperation, zum Miteinander und zur Liebe. Nur wer seinen Mitmenschen über das Herz begegnet, kann Begeisterung entfachen, Freude verbreiten, Ideen vermitteln, mit anderen zusammenarbeiten, Teamwork leisten, Mitgefühl empfinden, liebevolle Beziehungen aufbauen und Leitungsfunktionen übernehmen, ohne die/den anderen zu übergehen.

Im sechsten Kapitel werden wir das Thema Beziehungen (jeglicher Art) ausführlich unter die Lupe nehmen. An dieser Stelle geht es zunächst um die Fähigkeit des Herzens, mit der Welt, den Menschen und den Dingen in Kontakt zu treten. Im Folgenden ein Beispiel aus meinem eigenen Leben:

Ich erinnere mich an ein Treffen mit einem alten Freund, vor Jahren in einem Berliner Café. Wir hatten uns lange nicht gesehen und ich hatte so viel Neues zu erzählen, so viel Interessantes erlebt! Ich redete, erzählte Geschichten, fand die schönsten Formulierungen und die farbigsten Beschreibungen – ich übertraf mich selbst.

Nachdem ich ein Weilchen so geredet hatte, unterbrach mich mein Freund, sah mir in die Augen und sagte: „Hör doch mal kurz einen Moment auf. Schau, hier bin ich!"

Mein Redefluss kam zu einem abrupten Halt. Ich blickte meinen Freund verletzt an. Da erzählte ich ihm solch tolle Geschichten und er unterbrach mich, ja, er hatte anscheinend gar nicht zugehört. Es war, als wäre ich mit einem Sportwagen gegen eine Mauer gefahren. In mir raste noch alles, während außen Stille einbrach.

STOPP.

Dieser kurze Moment veränderte die gesamte Atmosphäre. Da war plötzlich endlos viel Zeit. Ewigkeit. Weite.

Die Einzigartigkeit dieses Augenblicks.
Ich hörte die Stimmen der anderen Gäste, das Klirren von Tassen und Besteck, die Musik im Hintergrund. Ich schaute meinen Freund an und es kam mir vor, als sähe ich ihn zum ersten Mal. Wie lebendig er aussah, wie strahlend und präsent. Der Raum zwischen uns schien vor Gegenwärtigkeit zu vibrieren und ich spürte sein Sein, mein eigenes Sein, unsere einzigartige, kostbare Anwesenheit. Ich konnte etwas Fließendes, Einendes spüren, das mich mit ihm verband, etwas wie eine größere Wahrheit.
Auch all die anderen Menschen im Café waren mir plötzlich auf merkwürdige Weise vertraut – ich spürte ihre Lebendigkeit, ihre Einzigartigkeit.

Der Einwurf meines Freundes hatte mich für einen Moment aus der alltäglichen Hypnose aufgeweckt, und ich war plötzlich vom Kopf in das Herz gefallen. Eine Begegnung zwischen zwei Denkapparaten war zu einer Herzensbegegnung geworden.
An jenem Tag entstand die Idee zu einem gemeinsamen künstlerischen Projekt, das uns in den folgenden Jahren viele inspirierte und glückliche Momente bescherte – doch ohne die tiefe Verbindung, die auf der Ebene des Herzens geschah, wäre das alles nie passiert.

Wir sind es zwar gewohnt, bei Liebesbeziehungen die Herzensebene einzubeziehen und den anderen mit den Augen der Liebe zu sehen. Doch das Herz hat nicht nur mit persönlicher, individueller Liebe zwischen zwei Menschen zu tun – es gibt eine größere Form der Liebe, die die Basis allen menschlichen Lebens ist und die gesamte Menschheit einbezieht. Jeder wahre, echte Kontakt basiert auf dieser Liebe.
Das Mitgefühl, das wir für andere empfinden, basiert auf dieser Liebe.
Unsere Freude an der Natur, an Musik, bildender Kunst und Schönheit basiert auf dieser Liebe.
Unsere Fähigkeit, andere Menschen wirklich wahrzunehmen und hinter ihre Masken zu schauen, basiert auf dieser Liebe.

Die folgende Übung können Sie allein oder mit einem Partner/ einer Partnerin machen. Damit ist nicht unbedingt Ihr Lebens- oder Liebespartner gemeint, sondern einfach ein anderer Mensch. Vielleicht sind Sie es nicht gewohnt, andere Menschen mit den Augen der Liebe zu betrachten, doch sagte nicht schon Jesus in der Bibel: „Liebe deinen Nächsten wie dich selbst“?
Nachdem Sie bei den vorherigen Schritten die Liebe zu sich selbst geübt haben, geht es nun also darum, sich der Liebe zur Welt, zu Ihrem Nächsten, zu allem Lebendigen zu öffnen.

Eine Partnerübung mit Herz:

Wenn Sie die Übung allein machen, lesen Sie die Anleitung zuerst in Ruhe durch und machen es sich dann bequem. Für eine Gruppenübung ist es hilfreich, wenn einer der Teilnehmer/innen die Übung anleitet. Wenn Sie die Übung zu zweit machen, entscheiden Sie vorher, wer von beiden ansagt, wann der nächste Schritt dran ist. Dann setzen Sie sich jeweils zu zweit gegenüber.

Beginnen Sie die Übung mit geschlossenen Augen:

- Atmen Sie ein paar Mal tief durch. Welches Wetter herrscht gerade in Ihrem Inneren?
- Nun legen Sie eine Hand auf Ihr Herz. Fühlen Sie, wie sich die Brust beim Atmen auf und ab bewegt. Spüren Sie Ihr Herz: Fühlt es sich eng, weit, hell, dunkel, warm, traurig, froh, schwer, leicht oder leuchtend an? Was für ein Wetter herrscht in Ihrem Herzen?
- Atmen Sie tief ein und aus, und lassen Sie Ihre Gefühle und Empfindungen fließen. Nehmen Sie sich etwas Zeit, mit Ihrem Herzen Kontakt aufzunehmen. Spüren Sie es wie ein lebendes Wesen. Wie geht es ihm?
- Atmen Sie tief durch und sagen Sie leise: „Herz, ich bin bei dir." Hüllen Sie Ihr Herz in Liebe. Spüren Sie Ihr Herz. Wie reagiert es darauf, dass Sie Zeit für es haben und ihm Ihre Liebe schenken?
- Bitten Sie nun Ihr Herz, Ihnen im Leben zur Seite zu stehen, damit Sie lernen können, die Welt mit seinen Augen zu sehen.
- Wenn Sie nun langsam Ihre Augen öffnen, spüren Sie weiterhin Ihr Herz.
- Atmen Sie tief durch.
- Führen Sie die Übung noch 5 - 10 Minuten mit geöffneten Augen weiter, indem Sie erforschen, wie sich die Welt verändert, wenn Sie sie mit den Augen des Herzens betrachten.
- Falls Sie die Übung mit einem Partner oder einer Partnerin machen, betrachten Sie Ihr Gegenüber mit den Augen des Herzens, ohne zu denken oder zu urteilen. Lassen Sie Ihren Blick weich und unfokussiert sein.

Wie ist es, die Welt oder einen anderen Menschen auf diese Weise anzusehen?
Was für ein Gefühl ist es, wortlos im Kontakt zu sein?
Was nehmen Sie wahr?
Was hat sich geändert?
Wie ist es, bei der Partnerübung auf diese Weise angesehen zu werden?

- Fühlen Sie zwischendurch immer wieder zu sich selbst und Ihrem eigenen Herzen zurück. Sagen Sie leise nach innen: „Hier bin ich."
- Schließen Sie dabei kurz die Augen, wenn das hilfreich ist.
- Dann betrachten Sie wieder die Welt oder Ihr Gegenüber. Wenn Sie zu zweit geübt haben, beenden Sie die Übung, indem Sie sich mit Ihrer Partnerin oder Ihrem Partner darüber austauschen, was Sie erlebt haben.

Manchen ist es zuerst peinlich oder unangenehm, in Gegenwart eines anderen Menschen den Blickwinkel zu ändern und wirklich mit dem Herzen präsent zu sein. Falls es Ihnen so geht, lassen Sie sich nicht aus dem Konzept bringen, sondern seien Sie ehrlich zu sich und erforschen Sie auch Ihre unerwarteten, schwierigen Gefühle.
Geben Sie Ihrem inneren Kind den Raum, zu fühlen, was da ist.

Dankbarkeit

Wenn Sie üben, mit dem Herzen zu sehen, wird die Welt reicher, vielfältiger und bunter. Auf einmal gibt es so viele Möglichkeiten, sich voller Begeisterung, Inspiration und Schaffensfreude auf das Leben einzulassen. Es gibt so viele Menschen, mit denen Sie Ihre Ideen teilen und neue Pläne aushecken können, und es gibt so viele Krisen durchzustehen – gemeinsam durchstehen wir sie allemal besser.

Es gibt so viele mögliche Freunde, mit denen Sie Ihre Sorgen besprechen, sich gegenseitig beraten und größere Sichtweisen entwickeln können.
Es gibt so viele Möglichkeiten, Ihren einzigartigen Beitrag zu leisten – allein, im Team, mit anderen – und die Welt mit Ihrer Begeisterung und Liebe ein Stück reicher zu machen.
Es gibt so viel zu geben – und Sie haben so viel zu geben.
Es gibt so viele Möglichkeiten, ein wahrer Mensch zu sein, und Ihr Herz weist Ihnen den Weg.

Der Gebende muss dankbar sein.

Alte Weisheit

Wenn Sie üben, aus vollem Herzen zu leben und zu geben, erfahren Sie mit der Zeit, dass Ihre Liebe und Ihr Mitgefühl nicht aus Ihnen selbst kommen – sie strömen durch Sie hindurch. Das ist, als ob das gesamte Sein sich durch Ihr Herz in die Welt ergießt und Sie gleichzeitig erfüllt und nährt. Sie haben Teil am Reichtum des Universums, an der bedingungslosen Liebe, die allem Leben zugrunde liegt.
So macht auch der alte Weisheitsspruch Sinn: Erst im Geben entsteht wahre Zufriedenheit, und erst wenn Sie Ihrem Herzen erlauben, aus dem gesamten Sein zu schöpfen, um der Welt Ihre Liebe zu geben, werden Sie wirklich erfüllt und glücklich sein.

Ein Hinweis

Ein Hinweis zur Wahrnehmung Ihres Herzens: Es geht dabei nicht um das anatomische, körperliche Herz, das etwas nach links versetzt in Ihrer Brust wohnt, sondern um das „innere Herz", ein Energiefeld auf der Fühl-Ebene. Dieses Energiefeld hat mit Ihrer Gefühlswelt zu tun, mit Ihrer Fähigkeit, Mitgefühl, Schmerz, Sehnsucht und, auf eine höheren Ebene, grenzenlose Liebe zu empfinden. Mit ihm in Verbindung zu sein heißt, in der Gegenwart zu sein – wenn auch alte Verletzungen, Groll, Trauer und unerfüllte Sehnsüchte an dieser Stelle gespeichert sein können. In der Gegenwart sind Sie dann insofern, als Sie im Kontakt mit dem inneren Herzen die alten Schmerzen noch einmal spüren können, *als fänden sie jetzt statt.* Ja, auf eine Weise *finden* sie jetzt statt. Der Schmerz ist genauso frisch wie am ersten Tag.

Wenn Sie üben, solche Erfahrungen mit dem weiten Raum von Bewusstsein zu umgeben – indem Sie „Ja" sagen oder das jeweilige Gefühl benennen (wie das Wetter) – und nicht in ihnen zu ertrinken, dann kann Ihr inneres Herz zu einem Ort der Verwandlung werden. Im hellen Licht Ihres Bewusstseins und gehalten von der Liebe des Herzens kann jede emotionale Energie die Kraft enthüllen, die in Wirklichkeit in ihr steckt.

Manche Menschen brauchen eine gewisse Zeit, um ihr inneres Herz überhaupt spüren zu können, oder sie erfahren es zunächst als kühl, verbittert, ablehnend, ängstlich oder zornig. In diesem Fall ist es wichtig, nicht enttäuscht zu sein und das Herz nicht

abzulehnen. Ein trauriges Herz hat seinen Grund, sich schwer zu fühlen, und ein Herz voller Groll hat in seinem Leben sicher viel Ungerechtigkeit und Ablehnung erfahren.

Gerade das harte oder kalte Herz braucht Ihre Liebe und Ihr Verständnis ganz besonders. Sprechen Sie mit ihm. Hören Sie ihm zu. Lassen Sie es trauern, schimpfen oder trotzig schweigen – Ihrer Liebe tut das keinen Abbruch. Wahrscheinlich hat Ihr Herz so lange vergeblich auf Mitgefühl und Verständnis gewartet, dass es jetzt ganz verstockt, wütend oder bedrückt ist und vielleicht auch zornig über Sie, die Sie ihm nie Ihr Ohr geschenkt haben.

Jetzt ist die Zeit gekommen, Geduld zu üben, Liebe und Mitgefühl zu zeigen und sich mit Ihrem Herzen zu versöhnen, ganz egal, wie lange es dauert. Sehen Sie Ihr Herz als einen Patienten, der Heilung braucht. Machen Sie eine Kur. Entdecken Sie die tiefe, echte Empfindungsfähigkeit und Liebe, die in Ihnen stekken – verborgen in den geheimen Windungen Ihres Herzens.

Wie der Kern der Frucht zerbrechen muss,
damit sein Herz die Sonne erblicken kann,
so müsst auch ihr den Schmerz erleben.
Und könntet ihr in eurem Herzen das Staunen
über die täglichen Dinge des Lebens bewahren,
würde euch der Schmerz nicht weniger wundersam
erscheinen als die Freude;
und ihr würdet die Jahreszeiten eures Herzens hinnehmen,
wie ihr stets die Jahreszeiten hingenommen habt,
die über eure Felder streifen.

Kahlil Gibran, *Der Prophet*

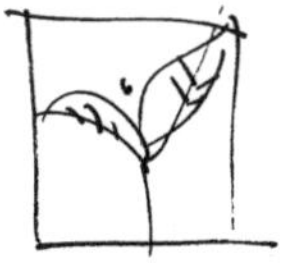

5
Der Schritt nach außen

Was auch immer dir mitgegeben wurde:
Es kann dich aufwecken oder es kann dich einschläfern.
Das ist die Herausforderung des Jetzt:
Was willst du machen mit dem, was du bereits hast?

Pema Chödrön

Erinnern Sie sich noch an den ersten Schritt – in die Gegenwart –, den Sie am Anfang dieser Reise getan haben? Seitdem sind Sie durch viele innere Landschaften gewandert und haben sich selbst besser kennen gelernt. Sie haben das Tor zu Ihrem inneren Garten geöffnet und wissen, dass dieser Ort der Besinnung und Erkenntnis für immer bei Ihnen ist – Sie können ihn jederzeit aufsuchen.
Ungeahnte Schätze ruhen in Ihnen, die sich mit der Zeit entwickeln und entfalten können. Ob sie das tun werden oder nicht, liegt allerdings ganz bei Ihnen – Sie haben die Wahl.
Sie können wählen, Ihren inneren Reichtum auch im täglichen Leben zu nützen, oder weiterhin in Armut zu leben.

Eine Geschichte:
Ein Bettler hatte mehr als dreißig Jahre am Straßenrand gesessen. Eines Tages kam ein Fremder vorbei. „Hast du mal 'ne Mark?", murmelte der Bettler und hielt mechanisch seine alte Baseballmütze hin.

„Ich habe dir nichts zu geben", entgegnete der Fremde, „doch worauf sitzt du da eigentlich?"
„Ach", antwortete der Bettler, „das ist nur eine alte Kiste. Da sitze ich schon drauf, solange ich zurückdenken kann."
„Hast du da mal reingeschaut?", fragte der Fremde.
„Nein", entgegnete der Bettler, „warum auch? Es ist ja doch nichts drin."
„Schau hinein", drängte der Fremde.
Es gelang dem Bettler, die Kiste aufzubrechen. Voller Erstaunen, Unglauben und Begeisterung entdeckte er, dass die Kiste bis zum Rand mit Gold gefüllt war.

Aus: Eckhart Tolle, *Jetzt – die Kraft der Gegenwart*

Die Kiste, auf der Sie Ihr ganzes Leben gesessen haben, ohne ihren wertvollen Inhalt zu kennen oder zu schätzen, ist Ihr eigenes Sein mit seinen unverwechselbaren Eigenschaften, Fähigkeiten und Talenten. Solange es im Unbewussten verborgen liegt – von Ihnen verleugnet, vergessen oder sogar verachtet – werden Sie sich immer arm fühlen, ganz gleich, wie viele Millionen Sie angehäuft haben. Ohne einen Zugang zu Ihrem eigentlichen Reichtum gehen Sie ein Leben lang als Bettler durch die Welt.

Leider ist die Erkenntnis, in Wirklichkeit reich und begabt zu sein, nicht ohne weiteres zu erlangen. Die Vorurteile, die wir uns selbst gegenüber haben, sind viel zu eingefleischt. Es ist so leicht und vertraut, sich abzulehnen und an sich herumzumäkeln.
Wer hätte das gedacht: Da streben wir ein Leben lang danach, glücklich und erfolgreich zu sein, doch wenn es darum geht, unsere Fähigkeiten anzuerkennen und unser eigenes Licht zum Leuchten zu bringen, wenden wir uns verschämt ab. „Naja, so toll bin ich nun auch wieder nicht. Und Talente habe ich auch keine, nicht wirklich. Ich bin halt eher durchschnittlich, ich halte mich lieber zurück."

Nelson Mandela, der mutige südafrikanische Freiheitskämpfer, hat dazu Folgendes gesagt:

Unsere tiefgreifendste Angst ist es nicht,
dass wir ungenügend sind.
Unsere tiefgreifendste Angst ist, unermesslich kraftvoll zu sein.
Es ist unser Licht, nicht unsere Dunkelheit,
das uns am meisten Angst macht.
Wir fragen uns: „Wer bin ich überhaupt, mich brillant,
großartig, talentiert, fantastisch zu nennen?"
Aber wer bist du, dich nicht so zu nennen?
Du bist ein Kind Gottes. Dich klein zu halten,
dient nicht der Welt.
Wie sind alle bestimmt, zu leuchten, wie es Kinder tun.
Wir sind geboren worden,
um den Glanz Gottes, der in uns ist, zu manifestieren.
Er ist nicht nur in einigen von uns, er ist in jedem Einzelnen.
Und wenn wir unser eigenes Licht erscheinen lassen,
geben wir unbewusst anderen Menschen die Erlaubnis,
dasselbe zu tun.
Wenn wir von unserer eigenen Angst befreit sind,
befreit unsere Gegenwart automatisch andere.

Nelson Mandela

Was hindert uns eigentlich daran, unsere inneren Schätze leuchten zu lassen und in der Welt zu verwirklichen?

Den Fluch der Fee aufheben

Auch wenn es darum geht, Ihren inneren Reichtum in die Welt zu bringen, spielt das innere Kind eine wichtige Rolle. Ihre Talente und Fähigkeiten sind schließlich Geschenke, die Sie von Geburt an mitbekommen haben, und wem sind sie damals geschenkt worden? Dem Kind!

Das ist bei Ihnen nicht anders als bei Dornröschen im Märchen – erinnern Sie sich?

Gleich nach Dornröschens Geburt werden die Feen eingeladen, ihre Geschenke und ihren Segen zu bringen. Die dreizehnte Fee wird allerdings vergessen. Das ärgert sie, und sie verflucht das Kind.

In Wirklichkeit ist das allerdings etwas anders als im Märchen: Wir brauchen die Feen nicht einzuladen und es kann auch keine vergessen werden – die Talente kommen ganz von selbst, für jeden auf seine Weise.

Alles, was wir tun müssen, ist, unsere eigenen Anlagen und Fähigkeiten unter all den negativen Vorstellungen von uns selbst, all den Ängsten und Urteilen wieder auszugraben. Der Fluch der Fee, der auf uns liegt, hat allein die Wirkung, dass wir im Laufe unserer Reifung und Erziehung vergessen haben, wer wir sind und was für Schätze wir besitzen. Wer sich selbst und seine inneren Schätze vergisst, hat auch keinen Zugang zu seinen Talenten und Fähigkeiten mehr.

- Wir halten uns für unvollkommen und beginnen, uns mit den anderen zu vergleichen. Was haben sie, das uns fehlt? Was können wir noch dazulernen?
- Wir halten uns für mangelhaft und beginnen, unsere Fehler auszubügeln. Wie können wir uns verbessern? Was sollten wir anders machen, damit wir endlich okay sind?
- Wir strengen uns an, mühen uns ab, arbeiten Tag und Nacht. Vielleicht werden wir uns irgendwann gut mit uns fühlen
- Wir erkennen, dass es „eh keinen Sinn hat“ und begnügen uns mit dem Kanten trocken Brot, der unser Los ist. Zumindest sind wir demütig (und können uns wenigstens darauf etwas einbilden).

Wenn Sie das Buch bis hierhin gelesen haben, ist Ihnen das alles natürlich schon längst bekannt. Sie haben die Nase voll von Ihren negativen Selbstbildern und möchten gerne etwas Neues probieren. Vielleicht basiert Ihr Wunsch wieder einmal auf dem Verlangen, sich zu verbessern und ein anderer zu werden als der, der Sie sind (wir können es kaum anders). Doch wir werden einen Weg beschreiten, der Sie nicht wieder in die Selbstablehnung führt, sondern zurück zu dem, was Sie schon längst besitzen. Es wird Zeit, dass Sie es anerkennen, in die Welt bringen und wachsen lassen!

Übung

Nehmen Sie sich etwa eine Stunde Zeit, in der Sie ungestört sind.
Legen Sie sich mehrere Blätter Papier und einen Stift zurecht, dann lesen Sie die Übung zunächst in Ruhe durch:

- Schreiben Sie auf, was Sie für Ihre inneren Schwächen halten. Mit welchen Eigenschaften und Anteilen Ihrer selbst haben Sie Schwierigkeiten? Welche lehnen Sie ab? Schreiben Sie fünf solcher Eigenschaften auf Ihre Liste.
  5 meiner Eigenschaften, die ich für Schwächen halte:

- Nun schreiben Sie fünf Fähigkeiten und Eigenschaften auf, die Sie an anderen bewundern und selbst gerne hätten.
  5 Eigenschaften oder Stärken, die ich an anderen bewundere:

- Wählen Sie aus jeder der beiden Rubriken eine Eigenschaft aus, die Sie im Augenblick besonders anspricht.
  Schreiben Sie jede auf ein eigenes Blatt Papier.
  Legen Sie die Liste mit den restlichen Punkten beiseite, Sie werden sie zu einem späteren Zeitpunkt wieder brauchen.
- Fertig? Schließen Sie für einen Moment die Augen. Stellen Sie sich vor, Sie säßen an einer Lieblingsstelle in Ihrem Garten.
  Spüren Sie das Wetter im Garten: Alles ist, wie es ist.
- Fühlen Sie Ihr Herz und seine Fähigkeit, dieses Sein zu akzeptieren.

- Nun umhüllen Sie die Schwäche, die Sie ausgewählt haben, mit der Akzeptanz oder Liebe Ihres Herzens.
  Atmen Sie tief durch und sagen Sie „Ja“ zu ihr.
  Wie fühlt sich das an?
- Lassen Sie die Schwäche in Ihrem Herzen ruhen. Geben Sie ihr Zeit. Atmen Sie „Ja“
  Was geschieht mit ihr?
  Was enthüllt diese „Schwäche“, wenn sie liebevoll gehalten und akzeptiert wird?

- Stellen Sie sich nun vor, wie Sie diese „Schwäche“ in der nächsten Woche würdigen und in Ihr tägliches Leben einbringen könnten.
  Welche Situationen fallen Ihnen ein? Welche Möglichkeiten?

- Versprechen Sie sich selbst, das Experiment zu wagen, diese „Schwäche“ eine Woche lang in Ihr Leben einzubringen.

Für den zweiten Teil der Übung gehen Sie wieder zurück zu Ihrer Lieblingsstelle in Ihrem inneren Garten.

Stellen Sie sich den Menschen vor, dessen positive Eigenschaft (die Sie vorhin ausgewählt haben) Sie bewundern.
Nehmen Sie die Eigenschaft wahr, sehen, fühlen und benennen Sie sie. Was gefällt Ihnen an dieser Eigenschaft besonders? Was ist für Sie die Essenz, Farbe, Textur dieser Eigenschaft?
Welche Energie drückt sich durch sie aus?

Wie fühlt sich die Essenz der Stärke, die Sie in dem anderen gesehen haben, bei Ihnen selbst an?
Atmen Sie tief durch: Können Sie es spüren?

- Stellen Sie sich nun vor, wie Sie diese Eigenschaft in Ihrem täglichen Leben ausdrücken.
- Wählen Sie eine typische Situation aus Ihrem Leben und stellen Sie sich vor, dass Sie auf neue Weise sein und handeln würden – indem Sie diese Eigenschaft spüren.
  Wie kommen Sie sich dabei vor?
  Was wäre anders?
  Wie wäre es, Veränderungen zu riskieren und die Konsequenzen in Kauf zu nehmen? Wollen Sie es ausprobieren?
- Nehmen Sie sich vor, sich eine Woche lang an diese Eigenschaft zu erinnern und in Ihr tägliches Leben einzubringen.

Mit der Zeit können Sie alle Punkte auf Ihrer Liste in derselben Weise durcharbeiten – vielleicht auch zusammen mit anderen. Dann können Sie sich gegenseitig berichten, was sich durch das Experiment in Ihrem Leben verändert hat.

Um die Übung etwas anschaulicher zu machen, hier zwei Beispiele von Seminarteilnehmern.

Zum ersten Teil der Übung:

Kurt sah es als eine Schwäche an, nie pünktlich zu sein: „Meine Unpünktlichkeit hat mir schon viel Ärger gebracht“, sagte er zur Erklärung, „und ich habe auch mehrfach versucht, mich zu ändern – aber ich nehme Zeitabsprachen wohl nicht ernst genug.“ Als er diese Schwäche in seinem inneren Garten mit Liebe umhüllte und ihr Raum gab, spürte er, dass sich in ihr das Freiheitsbedürfnis seines inneren Kindes verbarg. „Ich halte mich selbst viel zu sehr an der Kandare“, erzählte er, „und immer, wenn ich feste Termine habe, fühlt sich mein Kleiner besonders unterdrückt. Tja, und das lasse ich dann an den anderen aus, die auf mich warten müssen.“

Auf meine Frage, wie er das, was sich hinter der „Schwäche“ verbirgt – nämlich sein kindliches Freiheitsbedürfnis – im täglichen Leben einbringen könnte, sagte Kurt: „Ich möchte mir selbst mehr Freiheit geben, den täglichen Rhythmus zu durchbrechen und auch mal etwas Verrücktes zu tun. Das werde ich eine Woche lang ausprobieren!“

Am nächsten Seminartag erschien er zum ersten Mal pünktlich. Die meisten Gruppenteilnehmer quittierten das mit einem Lachen und waren neugierig, welche Freiheiten er für den heutigen Tag eingeplant hatte.
„Verrate ich euch nicht!“, grinste Kurt.
In der Mittagspause ließ er sich sein Essen in eine Plastikdose packen, die er mitgebracht hatte, stieg in sein Auto und verschwand.
Auch zur Nachmittagssitzung war er wieder pünktlich da – mit nassen Haaren. „Ich war schwimmen!“, verkündete er stolz. „Das habe ich mir in diesem Jahr noch kein einziges Mal gegönnt.“

Hanna, eine Pianistin, die an demselben Seminar teilnahm, hatte folgendes Erlebnis:
Im zweiten Teil der Übung hatte sie an ihre frühere Klavierlehrerin gedacht, die sie stets als sehr temperamentvoll, eigenwillig und herzlich erlebt hatte. Die alte Dame war ihr immer wie eine „typische Künstlerin" vorgekommen, die in ihrem kleinen Heimatdorf respektiert und geachtet wurde, obwohl sie sehr unkonventionell lebte.
„Ich bewundere ihre selbstverständliche Art, für die Kunst zu leben. Daneben komme ich mir immer wie eine Beamtin vor, die tausend Kompromisse eingegangen ist."

Als sie dieser Eigenschaft in ihrem inneren Garten mehr Aufmerksamkeit schenkte, entdeckte sie hinter dem künstlerischen Selbstverständnis ihrer Lehrerin die Fähigkeit, den eigenen Weg zu lieben und zu achten, ohne ständig an sich selbst zu zweifeln. Auf die Frage, wie sich diese Fähigkeit in ihr selbst anfühlt, antwortete Hanna: „Ich war erstaunt, wie schwer es mir fällt, meine eigenen künstlerischen Leistungen anzuerkennen. Es fiel mir richtig schwer, die Selbstachtung, die ich in meiner Lehrerin spüre, auf mich selbst zu richten. Da war solch ein Widerstand. Doch dann wurde alles ganz weich in mir. Da war solch eine Traurigkeit über all die vergeudete Zeit – wie hart ich immer zu mir war!"
Als ich fragen wollte, wie sie diese Einsicht in ihr Leben einbringen könnte, fiel Hanna mir ins Wort:
„Also", sagte sie zu der Gruppe gewandt, „ich möchte euch alle zu einem kleinen Konzert bei mir zu Hause einladen – ich habe gerade ein paar wunderbare Lieder eingeübt, die ich euch gerne vorspielen möchte."
Der spontane Applaus der Gruppenmitglieder war Hanna sichtlich peinlich. Sie errötete, lächelte schüchtern und klatschte dann selber mit.

Ständig hatte ich Angst davor, entweder zu großartig
oder zu unbedeutend zu sein.
Wie erleichternd es doch ist, wenn man sich einfach
mit der Möglichkeit vertraut macht:
Ich bin gut genug!
Könnte es wirklich sein, dass ich eins bin mit meinem Tun,
meinen Erzeugnissen, meinen Leistungen?
Wäre das wirklich genug?
Wenn ich erkenne, dass ich gut genug bin,
so habe ich alles, was ich möchte und brauche.

Anne Wilson Schaef

Lassen Sie Ihr Licht scheinen

Die Zeit ist gekommen, Ihr eigenes Licht scheinen zu lassen und Ihre Fähigkeiten und Talente nicht länger zu verstecken. Was sagt Nelson Mandela: „Es dient nicht der Welt, dich klein zu halten!"

Wenn Sie nicht an sich glauben und Ihre individuellen Fähigkeiten – die Gottesgaben, die Ihnen bei Ihrer Geburt von den Feen überreicht wurden – nicht wertschätzen und ausdrücken, halten Sie sich in einem künstlichen Zustand der Armut. Sie sitzen auf Ihrer Kiste wie ein Bettler, verweigern Ihre Talente und sehen die Vollkommenheit immer nur bei anderen, mit denen Sie sich vergleichen, die Sie bewundern oder auf die Sie neidisch sind.

Oder Sie gehören zu den Menschen, die schon als Baby das Gefühl entwickelt haben, eigentlich größer und besser zu sein als alle anderen.

Hätten Sie gedacht, dass auch diese Haltung auf der tiefen Überzeugung beruht, so, wie man ist, nicht akzeptabel oder lebensfähig zu sein?

Bei den „Unfähigen" hat sich die Ansicht durchgesetzt, dass alle anderen Menschen besser und richtiger sind als sie selbst, während die „Super-Fähigen“ immer besser und richtiger sein müssen als der Rest der Menschheit.

Bei alledem bin ich für die Übereinstimmung mit der Natur. Von ihr nicht abzuweichen, nach ihrem Gesetz und Vorbild sich formen zu lassen, darin besteht die Weisheit. Demgemäß ist ein Leben dann glücklich zu nennen, wenn es sich im Einklang mit der eigenen Natur befindet.

Seneca

Wenn man das so schwarz auf weiß liest, wird einem schnell klar, wie unrealistisch beide Sichtweisen sind. Kein Mensch ist *immer* besser als alle andern, und keiner ist *immer* schlechter. Wir alle sind einfach „nur“ Menschen mit Fehlern, Unvollkommenheiten und blinden Flecken.
Na und?
Es reicht vollkommen, einfach nur ein Mensch zu sein – derjenige, der man schon von Anfang an sein sollte, mit seinen einzigartigen Fähigkeiten, „Schwächen“ und Charakteristika.
Sie dürfen entspannen und endlich Sie selbst werden – und nicht nur das! Die Zeit ist gekommen, sich mit dem, was Sie sind und können, in die Welt hinaus zu wagen. Weder brauchen Sie Ihr Licht unter den Scheffel zu stellen, weil es vielleicht nicht so hell leuchtet, wie das Ihres Nachbarn, noch müssen Sie versuchen, immer der oder die Strahlendste von allen zu sein.

Denn in einer Hinsicht gleichen sich die beiden Selbstbilder wie ein Ei dem anderen: Beide schützen ihre Träger davor, in die Welt zu treten und zu handeln. Der „Unfähige“ glaubt, dass er lauter Fehler machen und bei einem Vergleich immer schlecht abschneiden würde, während der „Super-Fähige“ das Risiko scheut, eventuell feststellen zu müssen, dass er vielleicht nicht so perfekt ist, wie er dachte.

Doch in Wirklichkeit ist jeder von uns reich beschenkt worden – jeder auf andere, ganz eigene Weise – und das macht uns unvergleichlich.

DHARMA ist ein Wort aus dem Sanskrit
und bedeutet „Lebenszweck oder -sinn".
Das Gesetz des Dharma besagt, dass wir eine körperliche Gestalt
angenommen haben, um einen Sinn zu erfüllen.
Diesem Gesetz zufolge hat man ein einzigartiges Talent
und eine einzigartige Art, es auszudrücken.

Deepak Chopra

Wie wäre es, wenn wir uns entschließen würden, ab sofort das Augenmerk auf unsere eigenen Gaben zu richten, die darauf warten, gewürdigt und gelebt zu werden? Dann nehmen wir unseren Platz in der Welt ein und erfüllen unser *Dharma* – wir geben unserem Leben seinen eigentlichen Sinn:

- Zuerst würdigen wir unsere eigentlichen Talente und Fähigkeiten,
- dann beginnen wir, sie auszudrücken und damit unser *Dharma* zu erfüllen.
- Unsere Lebenskraft darf fließen und sich entfalten und kommt dadurch der ganzen Welt zugute. Wir werden zu Gebenden.

Das eigene Dharma leben

Der mutige Entschluss, das eigene Licht strahlen zu lassen, verändert Ihr Selbstbild und letztendlich Ihr ganzes Leben. Sie erfahren sich dann nicht mehr nur als jemand, der sich traut, seine Talente auszudrücken, sondern als einen Menschen, der seine Bestimmung lebt. Erst wenn der Ausdruck Ihrer tiefsten Potenziale für Sie zu einer Selbstverständlichkeit, einem Teil Ihres Selbstbildes geworden ist, werden Sie eine neue, unvergängliche Art des Glücks kennen.

Wenn das alles so ist, dann ist das Gute für
den Menschen die Tätigkeit der Seele
auf Grund ihrer besonderen Befähigung,
und wenn es mehrere solche Befähigungen gibt,
nach der besten und vollkommensten;
und dies außerdem noch ein volles Leben hindurch.
Eine Schwalbe macht noch keinen Sommer
und auch nicht ein einziger Tag;
so macht auch ein einziger Tag oder eine kurze Zeit
niemanden glücklich und selig.

Aristoteles

So hat der zweite Teil dieses Kapitels damit zu tun, das Brachland in Ihrem Leben umzugraben und zu düngen, um einen guten Boden für Ihre individuellen Eigenschaften und Fähigkeiten zu schaffen. Jede positive Erweiterung Ihres Selbstbildes gleicht der Entdeckung einer neuen Staude, die es jetzt zu hegen und zu pflegen gilt.

„Das bin ich mir wert", versichert eine junge, hübsche Dame den Zuschauern im Werbefernsehen und bestreicht sich ihr Brötchen mit Halbfettmargarine.

Also – was die kann, können wir schon lange!

Von heute an sind wir es uns wert, unsere Talente täglich zu fördern und uns ein kreatives, erfülltes und glückliches Leben zu schaffen. Wir sind es auch der Welt schuldig, die unsere entschiedene Kraft mehr braucht denn je.

Wenn ein Mensch am Lebensende sagen kann:
„Ich habe meine Mission für dieses Leben erfüllt",
dann hat er sein Klassenziel erreicht und
ein erfolgreiches Leben geführt.

Eine frühere Kollegin pflegte den Ausdruck zu gebrauchen: „Dafür bin ich nicht geboren". Diese Aussage ist prinzipiell sehr richtig. Es ist empfehlenswert, sich zu fragen: „Bin ich dafür geboren worden? Bin ich deshalb auf diesem Planeten angetreten? Ist das meine Aufgabe, meine Mission?" Ansonsten steht vielleicht am Ende des Lebens nur die große Leere.
Wenn ich herausfinden will, was meine Berufung ist, lautet die einfache Frage: „Was macht mir Freude?"
Es gilt, die eigenen Talente zu erkennen.
Talent ist der innere Antrieb, es ist die ein- und angeborene Gefühls-, Denk- und Handlungsstruktur – mit einem Wort Dharma. Talent kann deshalb nicht gelehrt werden.
Es ist eine Ausformung der eigenen Natur.
Wichtig ist dabei, dass Aufgabe und Talent übereinstimmen.
Jeder ist einmalig im Leben.
Jeder hat ein Talent, das andere nicht haben.
Wissen und Fähigkeiten ergänzen das Talent, lassen es aufblühen.
Jeder ist für eine Aufgabe gemacht.
Wichtig ist es nur, die eigene Einzigartigkeit zu erkennen und auszudrücken.

A. Maier und E. Schrott, *Glück und Erfolg sind kein Zufall*

Mit Hilfe der folgenden Übung, die aus mehreren Teilen besteht, können Sie mehr über Ihr eigenes Dharma herausfinden. Außerdem bekommen Sie eine Anleitung, wie Sie beginnen können, Ihr Dharma in Ihr Leben einzubringen.
Ich selbst mache diese Art der Übung immer, wenn wichtige Entscheidungen anstehen oder ich spüre, dass mein Leben eine neue Richtung einschlagen will. Das ist mindestens jedes halbe Jahr der Fall.

Erster Teil der Übung

Nehmen Sie sich etwa eine halbe Stunde Zeit, um die folgenden Fragen schriftlich zu beantworten:

- Was kann ich?
- Was wollte ich schon immer gerne mal tun?
- Was sind meine Träume und unerfüllten Sehnsüchte?
- Erlaube ich mir die Vorstellung, neue Dinge in meinem Leben zu wagen?
- Erlaube ich mir, zu spielen und Neues zu lernen – einfach, weil es mir Spaß macht?
- Was tue ich zur Entfaltung meines geistigen Potenzials, meiner Talente und meines schöpferischen Vermögens?
- Was wäre, wenn ich es mir erlauben würde? Was würde ich gerne tun oder lernen?
- Was tue ich zur Umsetzung meiner Träume?
- Gibt es eine Möglichkeit, den einen oder anderen Traum in die Realität umzusetzen?
- Bin ich bereit, der Entfaltung meiner Träume und Talente täglich etwas Zeit zu gönnen?

Ein Tipp zur Beantwortung dieser Fragen:

Nehmen Sie dafür ein *großes* Blatt Papier – ich benutze zum Beispiel immer diese DIN A 2 Zeichenblöcke, die es billig in jedem Warenhaus zu kaufen gibt – und lassen Sie Ihre Inspiration fließen. In diesem Stadium müssen Sie keine vernünftigen, durchdachten Resultate liefern, im Gegenteil: Lassen Sie Ihren Träumen und Wünschen freien Lauf. Wichtig ist allein, dass Sie ehrlich mit sich selbst sind! Sie brauchen Ihre Listen niemandem zu zeigen, ja, es ist gut, sie als reine Arbeitsgrundlage zu verwenden und später zu vernichten.

Zweiter Teil der Übung

Sie können die beiden Teile dieser Übung nacheinander durcharbeiten oder, falls es Ihnen zeitlich besser passt, an zwei aufeinanderfolgenden Tagen.

Lesen Sie Ihre Liste noch einmal durch und lassen Sie sie auf sich wirken.
Atmen Sie tief durch und schließen Sie die Augen.
Spüren Sie die Atmosphäre Ihrer Wünsche, Vorstellungen und Träume.
Fühlen Sie, welche Energie in Ihnen spürbar wird. Welcher unerfüllte Teil Ihrer selbst möchte sich ausdrücken und leben?
Wie wäre es, diesem Teil mehr Raum in Ihrem Leben zu geben?
Stellen Sie sich vor, dass Sie sich dazu entschließen, diesen Teil in Ihr Leben einzubringen.

Nun stellen Sie sich vor, ein ganzes Jahr wäre vergangen und der unentwickelte Teil Ihrer selbst hätten sich entfaltet.
Auch Ihr Leben hätte sich entsprechend verändert.
Sehen und fühlen Sie sich selbst in Ihrem veränderten Leben. Wie fühlen Sie sich?
Was ist anders an Ihnen?
Was ist anders an Ihrem Leben? Wo und wie findet es statt?
Was ist anders an Ihrem Platz in der Welt? Ihrer Beziehung zu anderen?
Schauen und fühlen Sie genau hin.
Wie sieht in diesem Leben Ihr Tagesablauf aus?
Arbeiten / leben Sie allein oder mit andern zusammen?
Wie sehen Ihre Beziehungen aus?
Lassen Sie ein umfassendes, gefühltes Bild Ihres Lebens entstehen.

Nehmen Sie sich einen Augenblick Zeit, diese Vision im Detail aufzuschreiben.
Dann schließen Sie wieder die Augen.
Spüren Sie noch einmal Ihr neues, erweitertes Leben, in dem sich Ihre Talente ausdrücken dürfen.

Nun fragen Sie sich: Wenn ich mich in einem Jahr auf diese Weise entfaltet habe, wo bin ich dann in einem *halben* Jahr? Lassen Sie diese Zwischenstation in Ihrem Inneren erscheinen – spüren, sehen und erleben Sie sie in aller Ausführlichkeit ...
Fragen Sie sich dann: Wenn ich in einem halben Jahr an dieser Stelle sein will, wo bin ich dann in einem Monat?
Lassen Sie auch diese Zwischenstation in Ihrem Inneren erscheinen – spüren, sehen und erleben Sie sie ...
Fragen Sie sich dann: Wenn ich in einem Monat an dieser Stelle sein will, wo bin ich dann in einer Woche?
Geben Sie auch diesem Zwischenzustand Ihre volle innere Aufmerksamkeit...
Fragen Sie sich dann: Wenn ich in einer Woche an dieser Stelle bin, wo bin ich dann morgen um diese Zeit?
Nun fragen Sie sich: Wenn ich morgen an dieser neuen Stelle sein will, was ist dann gleich, wenn ich mit der Übung aufhöre, der erste Schritt?
Sehen, spüren und erleben Sie diesen ersten Schritt und stellen Sie sich vor, wie es wäre, ihn zu tun. (Es mag sein, dass es darum geht, etwas zu tun, oder auch darum, eine neue innere Haltung zu spüren.)
Entscheiden Sie sich nun, den Schritt real zu verwirklichen, und zwar noch am selben Tag.

Wenn Sie die Übung zu mehreren machen, können Sie sich eine Zeit lang einmal im Monat regelmäßig treffen, um auszutauschen, wie sich die Verwirklichung Ihrer Talente und Fähigkeiten auf Ihr tägliches Leben auswirkt.

Doch ob Sie nun zu mehreren oder alleine üben – es ist wichtig, Ihre Visionsentwürfe regelmäßig zu überprüfen, indem Sie die ganze Übung oder Teile von ihr wiederholen.
Wie ein Kapitän auf hoher See, der ein fernes Ziel ansteuert, müssen Sie sich immer wieder an den Strömungen des Lebens, den äußeren Umständen und dem inneren Wetter Ihrer Seele orientieren. Gelegentliche Kursänderungen sind auf Dauer unvermeidlich.

So lernen Sie, Ihr eigentliches Fernziel (die Entfaltung Ihres individuellen Potenzials) nie aus den Augen zu verlieren, zugleich aber flexibel und beweglich bei seiner Durchführung zu sein. Sie lernen, auf die inneren und äußeren Strömungen des Lebens zu lauschen und sich diese zu Nutze zu machen.

Wenn du nicht mehr um das bittest,
was du nicht brauchst,
wird zu dir kommen, was du brauchst.
Nisargadatta Maharaj

Wenn Sie beginnen, Ihre Lebensziele an Ihrem Dharma auszurichten, entwickelt sich echte Individualität. Sie emanzipieren sich von Moden, Trends und kollektivem Wahn, bei denen alle

nach denselben Zielen streben – so etwa nach Geld, Jugend, Schönheit – und beginnen, einen höchst eigenen, unnachahmlichen Weg einzuschlagen. Sie streben nicht mehr nach dem, was Sie nicht brauchen (weil es Ihrem innersten Sein gar nicht entspricht), sondern nach dem, wonach es Ihre Seele dürstet, was Sie wirklich brauchen, um Sie selbst zu sein.
Ihr Leben wird nicht länger von der Gier nach Äußerlichkeiten bestimmt, sondern von dem innersten Bedürfnis Ihrer Seele, sich zu entfalten und im täglichen Leben auf ihre eigene Weise zu leuchten. Können Sie sich vorstellen, wie glücklich das machen kann?

Natürliches Tempo

Jede Vision wird in kleinen Schritten verwirklicht, wahre Entfaltung entsteht nicht über Nacht. Auch das Schneeglöckchen, das unter der gefrorenen Erde in seiner Knolle auf den Frühling wartet, wird zuerst nur einen kleinen grünen Trieb zum Himmel recken, und ein neuer Mensch in all seiner Differenziertheit und Eigenart beginnt den Lebensweg als eine kleine, umgrenzte Zelle.
Oft steht uns bei der Verwirklichung unserer Potenziale unsere unangemessene Eile im Wege, die aus der Tendenz unseres Verstandes resultiert, sofort Resultate zu wünschen und alles, was er sich vorstellen kann, sofort haben zu wollen. Das führt auf Dauer nur zu Enttäuschungen, Entmutigung und Selbstkritik: Wer die Vorstellung hat, alles immer *gleich* verwirklichen zu müssen (und auch bei anderen immer nur die strahlenden Resultate, nie aber die harte Arbeit sieht), setzt sich ungebührlich unter Druck.
Wir alle sind Zeit unseres Lebens auf Wettbewerb, Vergleich und gute Resultate getrimmt worden, doch das ist die schlechteste Voraussetzung für die natürliche Entfaltung unserer schlummernden Potenziale. Um unser Dharma zu erkennen und sich entwickeln zu lassen, brauchen wir unsere Träume und Visionen, eine liebevolle, wahrhaftige Einschätzung unserer jeweiligen Möglichkeiten, den kraftvollen Entschluss, unser Licht

auch in harten Zeiten leuchten zu lassen, und die immerwährende Geduld, einen Schritt nach dem anderen zu tun.

Schritt für Schritt

Wenn er die Straßen kehrte, tat er es langsam, aber stetig:
Bei jedem Schritt einen Atemzug
und bei jedem Atemzug einen Besenstrich.
Schritt – Atemzug – Besenstrich. Schritt – Atemzug – Besenstrich.
Dazwischen blieb er manchmal ein Weilchen stehn
und blickte nachdenklich vor sich hin.
Und dann ging es wieder weiter –
Schritt – Atemzug – Besenstrich. Es ist so:
Manchmal hat man eine sehr lange Straße vor sich.
Man denkt, die ist so schrecklich lang, das kann
man niemals schaffen, denkt man.
Und dann fängt man an, sich zu eilen.
Und man eilt sich immer mehr. Jedes Mal,
wenn man aufblickt, sieht man
dass es gar nicht weniger wird, was noch vor einem liegt.
Und man strengt sich noch mehr an,
man kriegt es mit der Angst, und zum Schluss
ist man ganz außer Puste und kann nicht mehr.
Und die Straße liegt immer noch vor einem.
So darf man es nicht machen.
Man darf nie an die ganze Straße auf einmal denken,
verstehst du?
Man muss nur an den nächsten Schritt denken,
an den nächsten Atemzug,an den nächsten Besenstrich.
Und immer wieder nur an den nächsten. Dann macht es Freude,
das ist wichtig, dann macht man seine Sache gut.
Und so soll es sein.

Michael Ende, *Momo*

Wer beginnt, sein Dharma zu leben, steigt aus dem ewigen Kreislauf von Vergleichen, Selbstkritik und Enttäuschung aus. Es ist, als lebte er in einer parallelen Welt mit anderen Regeln und Gesetzen – einer Welt, in der Bettler entdecken, dass sie auf einem Goldschatz sitzen, und derjenige, der seinem Herzen folgt und die Sehnsucht seiner Seele verwirklicht, ewiges Glück findet, das auf alle ausstrahlt, die ihm begegnen.

Du musst jetzt begreifen, dass die Lektion, die es zu lernen gilt, lautet, dass die Scheidelinie nicht zwischen Dienenden und Bedienten, nicht zwischen Müßiggängern und Arbeitenden verläuft, sondern zwischen jenen, die an der Welt und der Vielgestaltigkeit ihrer Formen und Kräfte Interesse haben, und jenen, die lediglich existieren, kummervoll oder gelangweilt. Die Welt ist von Licht und von Leben erfüllt, und der wahre Frevel ist der, daran kein Interesse zu haben.

Antonia S. Byatt, *Geschichten von Feuer und Eis*

6

Der Schritt in die Verantwortung

Früher dachte ich, Beziehungen seien dazu da,
uns glücklich zu machen.
Jetzt weiß ich, dass sie dazu da sind,
uns in die Entwicklung zu drängen:
Wenn wir bereit sind, aus ihnen zu lernen,
machen sie uns glücklich.

Christine Bolam

Da stehen wir nun mit allem, was wir in den letzten Kapiteln erfahren und gelernt haben – bereit, in die Welt hinaus zu gehen und uns dort zu verwirklichen.
Und was finden wir vor? All die anderen Milliarden von Menschen, die diesen kleinen blauen Planeten bevölkern.

Auf der Website der Uni Freiburg kann man die aktuelle Bevölkerungszahl unserer Erde einsehen, jede Sekunde neu. Als ich heute Morgen, am 22. Januar 2003 um11: 45 Uhr, die Seite anwählte, gab es 6.360.401.874 Menschen auf diesem Planeten. Gleich nachdem ich das aufgeschrieben hatte, aktualisierte ich die Seite und las, dass inzwischen196 Menschen dazugekommen waren – diese Zählung enthält eine Hochrechnung aller Geburten abzüglich der Todesfälle – und das geht den ganzen Tag und die ganze Nacht so weiter!

Wir sind nicht allein, ja, wir sind von Minute zu Minute weniger allein.
Da sind unsere Familienmitglieder, Nachbarn, Chefs, Kollegen, Mitarbeiter, Konkurrenten, Freunde, Feinde und all die Fremden, die diesen Planeten mit uns teilen und mit denen wir wohl oder übel klarkommen müssen.
Da sind Menschen, die wir lieben, und Menschen, die wir ablehnen oder hassen,
Menschen, die wir brauchen, und Menschen, die uns brauchen,
Menschen, die uns beglücken, und Menschen, die uns Angst machen,
Menschen, die wir verstehen, und Menschen, die uns ein Rätsel sind – und mit ihnen allen stehen wir auf die eine oder andere Weise in Beziehung.

Es läuft wirklich auf das Folgende hinaus, nämlich darauf, dass alles Leben miteinander in Beziehung steht. Wir sind alle gefangen in einem Netzwerk der Gegenseitigkeit, aus dem es kein Entrinnen gibt.

Martin Luther King

Wir können uns im Kloster von der Welt zurückziehen oder Einsiedler im Himalaya werden – vor Beziehungen sind wir nicht gefeit: Im Kloster werden wir mit unserer Beziehung zu Jesus Christus, der Kirche und den Mitbrüdern oder -schwestern konfrontiert, währen wir in der Einsamkeit des Himalaya stärker als je zuvor von den Beziehungen in unserem Kopf – den

Stimmen, Sehnsüchten und Abneigungen unserer Vergangenheit – geplagt werden. Beziehungen sind überall, ja, es ist unmöglich, *nicht* auf die eine oder andere Weise in Beziehung zu sein.

Die meisten Menschen sind auf diese Tatsache gar nicht oder nur ungenügend vorbereitet. Es wird einfach angenommen, ein menschliches Wesen sei natürlicherweise mit der Gabe versehen, glückliche und ausgewogene Beziehungen zu führen. Sehen wir uns aber die Welt (oder unser eigenes Leben) ehrlich an, müssen wir zugeben, dass Beziehungen zwar oft eine Quelle der Freude sind, genau so oft aber Schwierigkeiten, Missverständnisse und Enttäuschungen mit sich bringen.

Wir und die anderen

Menschen verschiedener Nationen und Religionen verachten, fürchten, hassen und bekriegen einander. Menschen schlagen, bestehlen, belügen, hintergehen, beschimpfen und töten ihre Mitmenschen. Menschen wollen eigentlich nur das Beste, aber „die anderen" verstehen das einfach nicht ...
Jeder weiß Bescheid, jeder hat die Lösung, jeder steht im Zentrum eines privaten Universums, in dem *er* derjenige ist, dem Unrecht geschieht, der missverstanden wird, der sich wehren muss – und der genau weiß, was „die anderen" falsch machen: „Wenn sie doch nur einsehen würden, dass sie mir nichts als Ärger machen! Wenn sie doch nur begreifen würden, dass sie sich unmöglich verhalten. Wenn sie doch nur auf *mich* hören würden".

Meine liebste Beziehungsexpertin ist Frau Hitzenacker, meine Gemüsefrau, die Sie ja schon aus dem zweiten Kapitel kennen:

Klinggg – Ladentür auf.
„Ach, die Frau Bolam – Sie hat man ja ewig nicht gesehen! Wohl mal wieder Ferien, was?"
„Guten Tag, Frau Hitzenacker. Ja, ich war unterwegs, hatte aus-

wärtig zu tun. Könnte ich ein Kilo Möhren haben? Die biologischen bitte."
„Auswärtig zu tun – hmm hmm. Ich kann hier ja nicht weg, Frau Bolam, Sie wissen ja, die Leni!"
„Ja, ich weiß. Wie geht's ihr denn?"
„Hrrmph", (tütet wortlos die Möhren ein).
„Was denn, Frau Hitzenacker, hat es wieder Ärger gegeben?"
„Ärger? Na hör'n Sie mal, das Mädel ist doch ein einziger Ärger!", (tippt den Betrag in die Kasse), „die bringt mich noch ins Grab, Frau Bolam, das sag ich Ihnen!"
„Ach, wirklich, ist es wieder so schlimm?" (Pause). „Ehm, haben Sie schon von den Frühkartoffeln? Da hätte ich gerne drei Pfund."
„Schlimm? Der ihr Gerd ist gestern ausgezogen – wegen einer andern!", (schaufelt in den Kartoffeln herum), „ich hab's ja immer gewusst. Mädel, hab ich gesagt, verlass dich nicht auf die Männer! Und jetzt sitzt sie da und im achten Monat ... Das Mädel ist am Boden zerstört!"
„Das tut mir aber Leid, Frau Hitzenacker."

„Ja, wenn das man alles wäre!“, (legt die Kartoffeltüte auf den Tresen, wischt sich die Hände an der Schürze ab und rückt ihre Brille zurecht).
„Was ist denn noch passiert?“
„Na, der Huber mal wieder.“ (Bedeutungsvolle Pause). „Schickt der mir doch glatt eine Mieterhöhung ins Haus. Mit mir kann man’s ja machen!“ (deutet mit unbestimmter Geste auf den Laden). „Sehen Sie sich doch mal diese Bruchbude an. Wenn’s nicht wegen dem Karlheinz wäre, hätte ich schon längst gekündigt.“
„Ach so, wegen dem Karlheinz? Ja ... ich muss jetzt weiter, aber ein paar von den schönen Tomaten möchte ich noch mitnehmen, sagen wir mal, ein gutes Kilo.“
„Wissen Sie das denn nicht von dem Karlheinz, meinem Bruder? Der hat mir doch damals den Laden eingerichtet, als mein Egon mich mit der Kleinen hat sitzen lassen. Und jetzt will er plötzlich das Geld zurück. Dabei hat der’s doch dicke! Ich sag nur: Beamter!“
„Nein, nicht die holländischen Tomaten, ich meinte die einheimischen, vom Krefft.“
„Tja,“ (leert die Tüte missmutig wieder aus), „die könnte ich mir gar nicht leisten. Das Mädel frisst mir doch die Haare vom Kopf! Und jetzt will sie auch noch ausziehen – haben Sie sowas schon mal gehört. Naja, in dem Alter musste ich schon ordentlich zupacken, aber der Egon hat das Kind immer nur verwöhnt. Und jetzt hab ich den Salat!“
„Ach, einen Salatkopf, von dem Römer bitte, das hätte ich fast vergessen.“
„Ja, Frau Bolam“, (rollt den Salatkopf in eine Zeitung und beginnt, langsam alle Tüten in eine Plastiktüte zu packen), „Sie können sich gar nicht vorstellen, wie es unsereins so geht.“ (Tippt schwungvoll auf ihre Kasse). „Das wären dann vier achtzig.“
„Na, dann alles Gute, Frau Hitzenacker“, (legt das Geld auf den Tresen), „und halten Sie die Ohren steif!“
„Die Ohren steif ... Sie haben gut reden, Frau Bolam, Sie haben gut reden ...“

Frau Hitzenacker fühlt sich als Opfer der Umstände. *Die anderen* (ihre Tochter Leni, der Vermieter, der Karlheinz und seine Frau) machen ihr Probleme und sie kann nichts daran ändern –, nein, *die anderen* müssten sich ändern!

Die Hölle, das sind die anderen.

Jean Paul Sartre

Doch wenn wir darauf bestehen, dass *die anderen* das Problem sind, sind wir ihnen auf Gedeih und Verderb ausgeliefert. Wir geben ihnen die Macht, uns glücklich oder unglücklich zu machen, und machen uns damit zum Opfer ihrer Launen, Vorstellungen und Dummheiten. Dann entscheiden nicht wir selbst, wie unser Leben aussieht und was wir tun wollen oder können, sondern es wird uns von außen auferlegt.
Woran erinnert uns das?
An unsere Kindheit.

Auch die Gegenseite dieser Einstellung kennen wir alle: Wenn eine wichtige Beziehung nicht klappt, können wir uns nächtelang den Kopf zermartern, um herauszufinden, was wir wohl „falsch gemacht" haben. Was er oder sie an uns wohl nicht mag. Was wir besser nicht hätten sagen sollen. Was wir anders hätten machen sollen.
Nun sind *wir* das Problem: Wenn wir doch nur schöner, klüger, besser, jünger, richtiger wären oder das Richtige gesagt hätten ... dann hätte alles geklappt. Aber so, wie wir sind, kann uns der andere ja nicht mögen oder lieben. Kein Wunder, dass er oder sie uns ablehnt, kritisiert oder übersieht.
Komisch – schon wieder sind wir das Opfer der anderen, die mit ihren Vorstellungen und Urteilen entscheiden, ob wir liebenswert oder akzeptabel sind.
Und woran erinnert uns das?
An unsere Kindheit.

Wie wir Beziehung lernen

Beziehung beginnt in dem Augenblick, in dem wir zum ersten Mal „Ich“ sagen und uns als getrennt vom Rest der Welt wahrnehmen. Plötzlich gibt es da einen Unterschied zwischen *Ich* und *Nicht-Ich,* zwischen dem, was wir als uns selbst wahrnehmen, und dem, was außerhalb von uns ist. Das ist der Zeitpunkt, zu dem wir beginnen, die Menschen in unserem Umfeld als getrennt von uns zu erleben und mit ihnen in Beziehung zu treten – zuerst mit der Mutter oder dem hauptsächlichen Versorger, und dann mit der gesamten Familie oder Gruppe.

Nun hat jede Gruppe von Menschen ihre Regeln und Absprachen, die ein mehr oder weniger reibungsloses Zusammenleben ermöglichen. Die meisten dieser Regeln werden nie besprochen oder formuliert, sondern als selbstverständlich angesehen.
Außerdem gibt es in jeder Familie oder Gruppe bestimmte Rollenverteilungen, die ebenfalls nie reflektiert oder formuliert werden. Das ist, als spielte jedes Familien- oder Gruppenmitglied seine Rolle in einem geheimen Theaterstück, auf das sich alle Mitspielenden stillschweigend geeinigt haben.
Meist ist keinem der Mitspieler bewusst, dass er oder sie sich auf eine bestimmte Rolle festgelegt hat. Alle glauben, zu *sein,* was sie spielen. Sie haben sich mit ihrer Rolle *identifiziert,* spielen ihren Part und erschaffen miteinander eine Art mehr oder minder harmonisches Ganzes.
Manche Mitspieler haben zum Beispiel die Aufgabe, sich für alle verantwortlich zu fühlen, andere, Ärger und Frustration auszudrücken oder den Frieden aufrecht zu erhalten. In manchen Stücken gibt es einen Rebellen, der alle Regeln bricht, einen Vermittler, der die Stimme der Vernunft walten lässt oder einen chronisch Kranken, auf den alle Rücksicht nehmen müssen – jeder hat seinen Platz.

In diesem vorgegebenen Beziehungssystem muss das neugeborene Kind seinen Platz finden, d.h., es muss eine Rolle in dem geheimen Theaterstück übernehmen, um sich an die Menschen in seiner Umgebung anzupassen. Diese vermitteln ihm mit Worten, Gesten und ihrer „Erziehung", was sie von dem Kind erwarten, und das Kind kooperiert, so gut es das seinen Anlagen entsprechend kann. Es hat ja auch keine andere Wahl, sondern ist von dem Wohlwollen der Erwachsenen abhängig, um versorgt, beschützt und geliebt zu werden.
Um die vorgegebene Rolle nach Wunsch zu erfüllen, muss das Kind Teile seiner selbst verleugnen, Wünsche und Bedürfnisse verdrängen, Ärger und Frustrationen zurückhalten. Zur Belohnung erhält es seine Daseinsberechtigung: Es darf eine Rolle im gemeinsamen Stück spielen und ihm wird ein Platz im Gesamtgefüge zugewiesen. Es darf mit dabei sein.

Den anderen geht es ja nicht anders – auch sie haben sich angepasst, um in der Familie oder Gruppe ihren Platz zu erhalten. Das ist der Preis, den wir alle zahlen, um *mit* anderen – nicht *gegen* sie – zu leben. Solange das System mehr Vorteile als Nachteile mit sich bringt und alle von dem gemeinsamen Theaterstück profitieren, ist der Preis der Anpassung verhältnismäßig klein. Doch das ist nicht immer der Fall: Viele Gruppen- oder Familienverbände geben wenig Raum für Individualität und Veränderung, und ihre Mitglieder spielen Rollen und tragen Kostüme, die ihnen schon seit Jahren zu eng sind.

Die Bühne der Beziehungen

Was aber geschieht, wenn wir uns aus dem gewohnten Gruppengefüge – unserem Theaterstück – in die Welt hinaus begeben und mit anderen in Beziehung treten?
Zunächst nicht viel, denn in jeder Gesellschaft gibt es bestimmte Übereinkünfte und Verhaltensregeln, die wir in der Kindheit als Teil unserer Erziehung und durch das Beobachten der anderen fast automatisch lernen. Diese Regeln sind wie eine Art Schmiermittel im Getriebe der Welt, das den Umgang mit an-

deren Menschen glatt und reibungslos macht. Benimmregeln und Höflichkeitsfloskeln gehören in diese Sparte, und wer sie beherrscht, kann sich in der Alltagswelt gut zurechtfinden – er oder sie ist im weitesten Sinne „beziehungstauglich".

Für mich ist die leichteste Beziehung
die zu zehntausend Menschen.
Die schwierigste ist die zu einem Menschen.

Joan Baez

Doch die Rolle aus unserem ursprünglichen Theaterstück klebt an uns wie eine zweite Haut, und sobald eine Beziehung verbindlich oder persönlich wird, treten die alten Verhaltensmuster in Kraft. Das kann die Beziehung zu unseren Nachbarn, Kollegen, Vermietern oder Freunden sein – wir spielen die Rolle, die wir als Kind gelernt haben, oder man könnte auch sagen: Unser inneres Kind betritt die Bühne.

Die Rollen, die wir in Beziehungen einnehmen, sind natürlich vielschichtig, differenziert und oft widersprüchlich. Abhängig davon, an welche vergangene Geschichte oder Person uns unser Gegenüber erinnert, werden alte Hoffnungen und Sehnsüchte, aber auch Ängste, Widerstände und Abneigungen oder eine Mischung aus allen geweckt, ohne dass wir es mit unserer eigenen Geschichte in Verbindung bringen – ja, oft sind wir uns unserer Gefühle nicht einmal bewusst.

Unser Gegenüber hat in Kinderzeiten natürlich auch seine Rolle gelernt, die bei näherem Kontakt aktiviert wird, und auch er oder sie wird durch uns an vergangene Situationen oder Personen erinnert. Deshalb erwartet er genau wie wir, dass der andere die Regeln des alten Stücks beachtet und seine Rolle entsprechend spielt. Tut er das nicht, sind wir entweder enttäuscht oder verärgert, oder wir *projizieren* unsere Erwartungen auf ihn – wir sehen den anderen durch die Brille der Vergangenheit und tun so, als hätten wir es mit einer Figur oder Situation von damals zu tun.

Solange wir in den alten Theaterstücken gefangen sind, können wir unser Gegenüber nicht als den wahrnehmen, der er oder sie wirklich ist. Wir idealisieren, verniedlichen oder dämonisieren sie, sehen in ihnen den rettenden Engel oder den Bösewicht – nur nicht den individuellen Menschen mit Licht- und Schattenseiten, den wir vor uns haben. Und die Komplikationen, die sich daraus ergeben, nennen wir Beziehungsprobleme.

Da stehen sich also zwei Menschen gegenüber, die beide glauben, das Richtige zu tun. Ihr inneres Skript ist aktiviert und das Kind von damals spielt seine ihm zugewiesene Rolle und erwartet, dass sein Gegenüber auf die gewohnte Weise reagiert.
Stellen Sie sich vor, zwei Schauspieler ständen auf der Bühne – der eine hat die Rolle des Hamlet gelernt, die andere spielt Hedda Gabler, und jeder von beiden glaubt, dass der andere sich endlich ändern müsste, um in das laufende Stück zu passen. Oder die Gegenvariante: Beide zweifeln bis zur Selbstzerfleischung an sich selbst, weil der Kontakt nicht fließt.

Ist es nicht ein Wunder, dass Beziehungen überhaupt funktionieren?

Übung

Sie brauchen Stift, Papier und etwa eine Stunde Zeit.
Schreiben Sie drei gegenwärtige oder vergangene Situationen auf, in denen der Kontakt oder die Beziehung zu einem anderen Menschen schwierig ist oder war.

Nehmen Sie sich nun das erste Beispiel vor und fragen Sie sich:
Was war so schwierig an der Situation?
Auf welche Weise habe ich versucht, den Konflikt zu klären?
Was für eine Rolle habe ich gepielt?
Was für eine Rolle hat mein Gegenüber gespielt?
Welche Gefühle hatte ich bei dem Konflikt?
Habe ich mich klein oder groß gefühlt?
Wie kam mir mein Gegenüber vor?
(Nehmen Sie sich Zeit zum Erinnern und Fühlen)

Denken Sie nun an Ihre Kindheit zurück: An welche damalige Situation erinnert Sie der Konflikt?
Wer war damals Ihr Gegenüber?
Wie haben Sie sich damals gefühlt?
(Nehmen Sie sich Zeit zum Erinnern und Fühlen)

Wenn Sie alle drei Beispiele betrachtet haben, fragen Sie sich:
In welcher Hinsicht gleichen sich die Beispiele?
Was ist meine Rolle / was sind meine Rollen?
Was war damals meine Rolle / was waren damals meine Rollen?

Schreiben Sie Ihre Einsichten auf oder, wenn Sie zu mehreren üben, besprechen Sie die Ergebnisse mit den anderen. In diesem Fall seien Sie bitte achtsam, den anderen nicht

Ihre Meinung über deren Rolle aufzudrängen. Auch Ihre Sichtweise ist von alten Theaterstücken geprägt und hilft demjenigen bei seiner eigenen Geschichte oft nicht weiter.

Im Laufe der Zeit können Sie alle drei Beispiele auf dieselbe Weise durchspielen. Auch neue, akute Konflikte können auf diese Weise untersucht werden. Übungen zum weiteren Umgang mit Beziehungskonflikten folgen im Rest dieses Kapitels.

Unsere hilflosen Strategien

Jeder von Ihnen kennt die Erfahrung, unwillentlich in ein fremdes Theaterstück gezogen zu werden und eine Rolle zugewiesen zu kriegen, die er lieber nicht hätte oder gar nicht erfüllen kann. Dann denkt man: „Der andere versteht mich nicht!" oder „der andere liebt mich nicht wirklich" und fühlt sich übergangen, verletzt, gekränkt. Natürlich wollen Sie diesen Zustand so schnell wie möglich beenden und sich wieder frei und glücklich fühlen, doch was können Sie tun?

Die Vorstellung, der andere müsse sich – oder seine Meinung – ändern, ist zwar der erste Reflex, der in solchen Situationen auftaucht, aber inzwischen ist Ihnen vielleicht klarer geworden, warum Ihnen das nicht weiter hilft: Der andere denkt dasselbe. Während Sie versuchen, *Ihr* Theaterstück aufrecht zu erhalten und dem anderen die entsprechende Rolle zuzuweisen, will Ihr Gegenüber, dass Sie *sich* oder Ihre Meinung ändern, d.h. sich an *sein* Theaterstück anpassen. Nun können Sie beide viele Stunden, Tage oder Wochen damit zubringen, dem anderen das Skript zu verkaufen, dass Sie für ihn vorgesehen haben. Die Konflikte, die daraus resultieren, sind unvermeidlich, und die angestrebten Lösungen von Hilflosigkeit gekennzeichnet.

Hier ein paar Beispiele. Sicher ist Ihnen die eine oder andere „Lösung" gut bekannt oder Sie kennen andere Möglichkeiten, mit schwierigen Beziehungen umzugehen – jeder Mensch hat sein eigenes Repertoire.

- Sie führen lange Gespräche, in denen Sie beide versuchen, die/den anderen von Ihrer Sichtweise zu überzeugen.
- Einer oder beide Betroffenen ziehen sich trotzig zurück. Der Kontakt wird für eine Weile auf Eis gelegt, bis die Unstimmigkeit vergessen ist oder Sehnsucht entsteht. Auftakt zur nächsten Runde.
- Sie glauben, der Partner sei an allem schuld und „bestrafen“ ihn, indem Sie sich abwenden und so tun, als sei er Ihnen egal. Mit vielfältigen Ablenkungen beweisen Sie sich, wie toll Sie doch sind, sehnen sich aber in Wirklichkeit nach Ihrem Partner.
- Nach vielen wiederholten Zusammenstößen erkennen Sie und Ihr Partner, dass Sie wohl doch nicht zusammenpassen und entscheiden sich zur Trennung. Ihre Hoffnung ist groß, dass der nächste Partner endlich „der Richtige“ ist (d.h., die erwünschte Rolle spielt).
- Einer der Partner passt sich an die Wünsche des anderen an, so gut er/sie kann, um die Beziehung zu retten. Die Selbstverneinung, die darin steckt, führt früher oder später zur Vorwürfen, Enttäuschung und Krankheit.
- Schwierige Arbeitsverhältnisse, in denen Beziehungsmuster nicht geklärt werden konnten, enden mit einer Kündigung.
- Mitarbeiter, die sich ständig übergangen und nicht gewürdigt fühlen, nehmen sich innerlich zurück (innere Kündigung) und verrichten ihre Arbeit nur noch halbherzig.
- Sie erzählen jedem, der es hören will (und auch denen, die es nicht interessiert), was für ein gemeiner Mensch Ihr Chef, Ihre Partnerin, Ihr Nachbar usw. ist. Sie erwarten Bestätigung und überdecken damit Ihre eigene Hilflosigkeit und Einsamkeit. Der eigentliche Konflikt wird nie gelöst.

All diese Konflikte entstehen, weil beide Beteiligten mit ihrer Rolle und den dazugehörigen Erwartungen identifiziert sind und sich gar nicht fragen, was an der Wurzel der Unstimmigkeiten und Streitereien liegen könnte.

> ***Es gibt einen Augenblick, wo Sie zum erstenmal aufwachen und zu erkennen beginnen, dass Sie in Beziehungen immer wieder bestimmte Verhaltensmuster aufgreifen. An diesem Punkt fühlen Sie sich vielleicht vor den Kopf gestoßen und entmutigt. Aber haben Sie Mut! Es kann Spaß machen, die alten Muster aufzulösen.***
>
> Gay und Kathlyn Hendricks, *Liebe macht stark*

Erst wenn wir erkennen, dass wir immer wieder versuchen, ein altes Theaterstück neu zu inszenieren und eine Rolle zu spielen, die nur einen kleinen Teil von uns darstellt (und vielleicht nicht einmal den besten), können wir unsere Beziehungsprobleme in neuem Licht sehen: Jede schwierige Beziehung katapultiert uns gewissermaßen zurück in die Kindheit, und jeder Beziehungspartner wird entweder zum Hoffnungsträger für alte, unerfüllte Kinderträume oder zur Projektionsfläche für alte Kinderängste.

Wir tun unserem Gegenüber Unrecht, indem wir ihn oder sie gar nicht wirklich wahrnehmen – und unser Gegenüber tut dasselbe mit uns.
Wir tun aber auch uns selbst Unrecht, indem wir unseren Kinderängsten, Sehnsüchten und Schmerzen nicht direkt begegnen, sondern sie ablehnen und verdrängen, um dann zu hoffen, dass der andere uns von ihnen erlösen wird – wie es auch der andere von uns erhofft.
Solange wir nicht bereit sind, für unsere verdrängten Gefühle und Bedürfnisse selbst die Verantwortung zu übernehmen, sind wir dazu verdammt, in Beziehungen immer wieder enttäuscht zu werden – bis wir endlich aufwachen.

Verantwortung übernehmen

Bei manchen Indianerstämmen gibt es Rituale, mit deren Hilfe der heranwachsende Junge oder das Mädchen bewusst den Kreis der Kinder verlässt und als Mann oder Frau bei den Erwachsenen aufgenommen wird.

In ihrem bisherigen Leben waren die Jugendlichen eins mit ihrem inneren Kind, das heißt, sie begegneten der Welt als Kinder, mit Kinderbedürfnissen, -ängsten und -wünschen.
Im Verlauf des Rituals drehen sie sich (und ihre Einstellung) um 180 Grad, schnallen sich das Kind symbolisch auf den Rücken und treten mit einer neuen Rolle in die Welt. Sie übernehmen selbst die Verantwortung für ihr inneres Kind, und ihre Bedürfnisse, Pflichten und Freiheiten sind jetzt die von Erwachsenen. Das innere Kind bleibt geschützt auf ihrem Rücken und sie übernehmen die Verantwortung, sich um dessen Bedürfnisse zu kümmern.

In unserer Gesellschaft fehlt ein entsprechendes Ritual, und wenn man genauer hinschaut, kann man sehen, wie die meisten Erwachsenen ihr inneres Kind (und ihre Kinderbedürfnisse) vor sich hertragen – immer in der Hoffnung, dass sich jemand um es kümmern möge. Liebesbeziehungen dienen dieser Hoffnung ebenso wie alle Arten von Verträgen, Abmachungen und Plänen.

Die Entwicklung zu einem wahrhaft reifen Erwachsenen geht mit unserem Entschluss einher, das eigene innere Kind auf den Rücken zu schnallen, uns um seine Bedürfnisse selbst zu kümmern, die Ärmel hochzukrempeln und das eigene Leben kraftvoll zu gestalten. Dann sind wir kein Opfer unserer Geschichte mehr, sondern ein reifer, selbstbestimmter Mensch. Wir übernehmen Verantwortung.
In Beziehungsdingen bedeutet das, uns immer wieder bewusst zu machen, dass unsere Gefühle, Reaktionen und Vorstellungen nicht unbedingt mit der gegenwärtigen Realität zu tun haben, sondern auf alten Geschichten basieren könnten.

Eine Faustregel: Je auswegloser und unverständlicher ein Beziehungskonflikt Ihnen erscheint, desto sicherer können Sie sein, dass alte Hoffnungen und Ängste Regie führen. Auch wenn heftige Emotionen im Spiel sind, können Sie davon ausgehen, dass Ihr inneres Kind nach Aufmerksamkeit schreit – nach *Ihrer* Aufmerksamkeit.

Sobald Sie beginnen, ihm Ihr Ohr (und Ihr Herz) zu schenken, kommt alles wieder an seinen richtigen Platz: Sie werden zu dem Erwachsenen, der Sie in Wirklichkeit längst sind und der sich liebevoll um das innere Kind kümmert. Sie übernehmen Verantwortung für sich selbst, entlasten Ihren Beziehungspartner von Ihren überzogenen Kindererwartungen und kommen auf dem Boden der Tatsachen an. Und Sie besitzen die Fähigkeit, sich je nach Gegebenheit bewusst an Ihr Umfeld anzupassen, ohne sich selbst zu übergehen.
Willkommen im Hier und Jetzt – dem einzigen Ort, an dem Beziehungen gedeihen können.

Drei Methoden zur Klärung

An dieser Stelle möchte ich Ihnen drei verschiedene Methoden vorstellen, die Sie dabei unterstützen, Beziehungskrisen erfolgreich zu klären, Ihre eigene Beziehungsgeschichte aufzuarbeiten und bestehende Beziehungen als Wachstumschance zu nutzen.

Sie brauchen nicht zu warten, bis es irgendwo „knallt" – nehmen Sie auch kleine Unstimmigkeiten zum Anlass, tiefer zu tauchen und mehr über Ihre Geschichte und die Rollen, die Sie in Beziehungen spielen, zu erfahren.
Wenn Sie gerade ohne Beziehung sind, sich aber nach einem Partner sehnen, können Sie die erste und dritte Methode anwenden, um vergangene, nicht abgeschlossene Beziehungskonflikte durchzuarbeiten. Indem Sie üben, sich selbst besser kennen zu lernen und Verantwortung für Ihr inneres Kind zu übernehmen, entwickeln Sie Ihre Beziehungskompetenz und werden erwachsen. Das wiederum kommt Ihrer nächsten Beziehung zugute.

Auch in beruflichen Dingen können Sie von den Methoden profitieren. Wenn Sie sie nutzen, um Ihre Beziehungsprobleme mit Kollegen, Mitarbeitern oder Vorgesetzen auf eigene Faust durchzuarbeiten, werden Sie schnell bemerken, wie Sie in vielen Dingen reifer, weiser und entspannter reagieren. Kein Wunder: Ihr inneres Kind ist versorgt und glücklich, und Sie können sich erwachsen und verantwortlich um Ihre täglichen Aufgaben kümmern, andere unterstützen und Konflikte auflösen, anstatt zu ihnen beizutragen.

Falls Sie nicht vorhaben, die Übungen zu machen, möchte ich Ihnen trotzdem raten, die Beschreibungen einmal durchzulesen. Vieles, was in ihnen erklärt wird, macht die Ausführungen in diesem Kapitel erst wirklich vollständig und verständlich.

Die drei Methoden im Überblick

„Das stille Kämmerlein"

Die erste Methode hilft Ihnen, herauszufinden, mit welcher Rolle Sie gerade identifiziert sind und wen Sie in Ihrem Gegenüber sehen: Welche alte Geschichte führen Sie gerade wieder auf?

Sie ziehen sich zurück und begegnen sich selbst, Ihren alten Rollen und Geschichten.
Wenn Ihr inneres Kind im „stillen Kämmerlein“ seine unerwünschten oder heftigen Gefühle aussprechen und ausdrücken darf, kommen Sie sich näher. Dann können Sie entdecken, welche Wünsche, Ängste und Beweggründe dem Konflikt in Wirklichkeit zugrunde liegen – Beweggründe, die oft ganz anders aussehen als die oberflächlichen Emotionen und Vorstellungen.
Wenn Sie schon eine unterstützende Beziehung zu Ihrem inneren Kind aufgebaut haben, gibt Ihnen diese Methode auch die Gelegenheit eine innere Klärung herbeizuführen, die den äußeren Konflikt manchmal so sehr verwandeln kann, dass er sich von selbst auflöst.
In jedem Fall hilft Ihnen die erste Methode, Ihren genauen Standpunkt zu klären und zu entscheiden, welche der beiden anderen Methoden Sie weiter bringen könnte.

„Die Herzensbegegnung“

Für die zweite Methode zur Klärung von Beziehungsproblemen braucht es die Bereitschaft beider Beteiligter, sich selbst tiefer kennen zu lernen und dem anderen zu offenbaren.
Das ist eine wunderbare Chance, Konflikte zu durchleuchten und möglicherweise aufzulösen – ganz besonders aber ist es ein großer Freundschaftsdienst aneinander. Wenn Sie sich gegenseitig helfen, alte, schmerzhafte Geschichten und Gefühle an die Oberfläche zu bringen und zu transformieren, unterstützen Sie einander bei der Heilung.
Wir alle haben gelernt, Gefühle, Bedürfnisse und Eigenschaften abzulehnen und zu verdrängen. Es erfordert viel Vertrauen, diese Anteile einem anderen zu zeigen. Schließlich halten wir sie für schlecht, böse und falsch; wir schämen uns für sie oder glauben, dass der andere uns für sie bestrafen oder verurteilen wird. Wenn wir stattdessen auf Interesse, Mitgefühl und Verständnis stoßen, können sich alte Knoten lösen. Heilung tritt ein und mit der Zeit werden all unsere Beziehungen verwandelt.

„Die alltägliche Achtsamkeit“

ist eine Erweiterung der Übungen zur Gegenwärtigkeit, zum Spüren und zum Bei-sich-sein, die Sie schon seit dem ersten Kapitel praktizieren.
Letzten Endes entscheidet Ihr Ausmaß an bewusster Präsenz, ob sich überhaupt ein Konflikt entwickelt und welchen Verlauf er nimmt. Je bewusster und gegenwärtiger Sie im Allgemeinen sind, desto größer ist Ihre Fähigkeit, auch in Beziehungsdingen bewusst zu bleiben.
Sie merken es, wenn sich das Kind in den Vordergrund drängt, und können notfalls die Wahl treffen, sich zurückzuziehen und innerlich zu klären (Methode 1), bevor Sie den Konflikt direkt angehen.

Wenn Sie mit der Zeit alle drei Methoden entwickeln und üben, haben Sie das Handwerkszeug, um die meisten Beziehungskonflikte zu klären und zu transformieren. Manchmal allerdings gibt es Probleme, die den Rahmen der drei Möglichkeiten sprengen. Menschliche Beziehungen sind ein weites, komplexes Feld oder auch eine Art Dschungel mit Fußangeln, Sümpfen und wilden Tieren, und Sie können auf Gebiete stoßen, bei denen Sie professionelle Beratung brauchen könnten, um nicht zu versinken. Zögern Sie nicht und vergeuden Sie keine Zeit – das Abenteuer des Lebens ist zu kostbar, um es mit Endlosrunden im ewig alten Karussell zu vergeuden. Schauen Sie sich nach Hilfe um.

So sehen wir jede neue Beziehung als einen Katalysator für unsere persönliche Bewusstseinsentwicklung. Sie fordert uns zum Wachstum heraus und dazu, unsere Bewusstheit über uns selbst und andere zu vergrößern, unsere Verbindung zum Leben und zu anderen Menschen zu vertiefen und uns so weit zu entwickeln, bis wir unser wirkliches Wesen in seiner reinsten Form ausdrücken.

Hal und Sidra Stone, *Wenn zwei sich zu sehr trennen*

Die erste Methode oder „Das stille Kämmerlein"

Nehmen Sie sich etwa eine halbe Stunde Zeit und legen Sie sich Mal- und/oder Schreibzeug zurecht.

Schließen Sie die Augen, atmen Sie tief durch und kommen Sie bei sich an. Fühlen Sie Ihr inneres Wetter. Dann lassen Sie vor Ihrem inneren Auge die schwierige Situation erscheinen.
Wer ist Ihr Gegenüber?
Was sind die Umstände / worum geht es genau?
Spüren Sie Ihren Körper: Was fühlen Sie, wenn Sie sich diesen Konflikt vorstellen?

Atmen Sie ein paar Mal tief durch. Spüren Sie nun Ihr inneres Kind: Wie geht es ihm?
Welche Gedanken und Gefühle hat es?
Geben Sie ihm die Gelegenheit, seine Gefühle zu spüren. (Fühlen Sie sich selbst)
Was würde Ihr inneres Kind Ihrem Gegenüber gerne sagen, wenn es den Mut oder die Erlaubnis hätte, alles, was es bewegt, auszudrücken?
Was will es? Was braucht es?
Lassen Sie Ihr inneres Kind sprechen, ohne es zu zensieren, und hören Sie ihm voller Interesse zu.
Geben Sie ihm die Zeit, sich zu beklagen, zu schimpfen oder was immer es braucht. Lassen Sie es spüren, dass Sie da sind und zuhören, ohne es zu verurteilen.
Wenn es passt, können Sie Ihr inneres Kind trösten oder auf den Arm nehmen.
Vielleicht können Sie mit ihm weinen, lachen, toben oder meckern – erlauben Sie dem inneren Wetter, sich auszutoben und zu verändern.

Wenn sehr starke Gefühle erscheinen, erschrecken Sie nicht! Alte, verdrängte Kindergefühle sind oft wie Wirbelstürme, Donner und Blitze zugleich. (Lesen Sie die folgende Anmerkung zum Umgang mit starken Gefühlen).

Wenn Sie die auftretenden Gefühle ausgedrückt haben, stellen Sie sich hin und schütteln Sie sich aus. Atmen Sie tief durch. Stellen Sie sich vor, Sie schüttelten all die alten Gefühlspartikel von sich. Lüften Sie den Raum. Trinken Sie ein Glas klares Wasser und fühlen Sie die frische innere Stimmung – wie nach einem Gewitter.
Stellen Sie sich nun vor, sie nähmen das innere Kind auf den Arm und setzten es sich auf den Rücken. Treten Sie der Welt als Erwachsener gegenüber, der das Kind beschützt und hält. Wie fühlt sich das an?

Es mag sein, dass Ihnen die neue, erwachsene Haltung noch zu ungewohnt ist und Sie sich unsicher oder hilflos fühlen. Nehmen Sie Ihre Hilflosigkeit an, wie einen zarten, frischen inneren Frühlingstag, seien Sie achtsam mit sich selbst und genießen Sie Ihre Empfindsamkeit. Auch das ist eine Art, erwachsen zu sein.

Stellen Sie sich zum Schluss den Ausgangskonflikt noch einmal vor. Spüren Sie, wie es ist, in dieser Situation zu Ihrem inneren Kind zu stehen, es zu beschützen und Ihrem Gegenüber als Erwachsener zu begegnen. Hat sich etwas geändert? Üben Sie auch im täglichen Leben die Vorstellung, Ihr inneres Kind auf dem Rücken zu tragen.

Schreiben Sie auf, was Sie erlebt haben oder malen Sie ein Bild von sich, Ihrem Kind und Ihrem Gegenüber – vorher und nachher.

Vergessen Sie nicht: Niemand außer Ihnen selbst kann Ihrem Kind beständige Geborgenheit und Liebe geben! Es wünscht sich vielleicht die Liebe, das Verständnis oder die Anerkennung Ihres Gegenübers – aber die lassen sich nicht erzwingen.
Ihr Gegenüber steht in seiner eigenen inneren Welt mit seinem eigenen inneren Kind und hat wahrscheinlich ähnliche Bedürfnisse wie Sie: Verstanden zu werden, anerkannt zu werden, geliebt zu werden oder in Ruhe gelassen zu werden. Erst wenn Ihr inneres Kind versorgt, geborgen und zufrieden ist, sind Sie wie-

der präsent genug, eine Klärung zu versuchen. Dann können Sie sich auf erwachsene Weise um Ihre jeweiligen Bedürfnisse kümmern, Ihr Recht durchsetzen, einlenken, sich entschuldigen oder Frieden schließen – was immer angemessen ist.

Das heißt nicht, dass Sie nun keine Gefühle mehr haben oder ausdrücken. Manche Konflikte bringen Zorn, Trauer, Enttäuschung und andere Gefühle mit sich, und Sie können sich bewusst entscheiden, diese auszudrücken und die Verantwortung dafür zu übernehmen. Nur besteht ein großer Unterschiede zwischen Ihren erwachsenen, der Situation angemessenen Gefühlen und den alten, hilflosen Emotionen des Kindes, die oft mit der gegenwärtigen Situation nichts oder nur wenig zu tun haben. Mit der Zeit werden Sie lernen, die beiden voneinander zu unterscheiden.

Eine Anmerkung zu den intensiven Gefühlen, die bei einer solchen Übung (und manchmal auch aus heiterem Himmel) auftauchen können:
Es mag sein, dass manche Gefühle des inneren Kindes Sie erschrecken oder Ihnen unangenehm sind. Da sind vielleicht heftige Wut, Angst, Trauer oder Scham. Vielleicht fühlen Sie starken Ärger über einen Menschen, den Sie eigentlich lieben. Vielleicht lehnen Sie Ihre eigenen „negativen" Gefühle ab, weil diese auch früher von den Erwachsenen abgelehnt wurden.
Doch in Ihrer inneren Welt ist alles erlaubt!

Wenn starker Zorn auftaucht, ist es gut, ihn auszudrücken: Schlagen Sie auf ein dickes Kissen, drehen Sie ein Handtuch zwischen den Händen oder hacken Sie Holz! Manchen hilft es, zu joggen, laut zu singen oder wild zu tanzen – geben Sie der feurigen Energie Ausdruck, ohne sich selbst oder einen anderen zu verletzen.
Wenn der Feuersturm verraucht ist, können Sie besser fühlen, worum es eigentlich sonst noch geht. Hinter der Wut sind oft Schmerz, Scham, Selbstablehnung oder Trauer verborgen, oder

die heftige Angst, nicht richtig zu sein und deshalb verlassen und abgelehnt zu werden.
Drücken Sie auch Ihre Trauer, Verzweiflung, Sehnsucht und Angst aus. Erlauben Sie sich zu weinen, zu schluchzen, zu zittern. All diese Gefühlsenergien liegen seit Jahrzehnten in Ihrem Körper begraben und belasten ihn. Wenn sie sich entladen dürfen, reinigt das Ihren Körper und lässt Ihre Lebensenergie wieder frei strömen.
Jedes Gefühl hat seine eigene Farbe, Textur und Schwingung, und Ihr wahres Wesen umfasst alle Paletten und Oktaven. Die Fähigkeit, tief und differenziert zu fühlen, ist Teil Ihres menschlichen Reichtums.

Ein Beispiel
Susanne hat Probleme mit ihrer neuen Kollegin, findet sie frech, rücksichtslos und unsensibel. Während der Übung entdeckt Susanne, dass ihr inneres Kind vor Wut fast platzt. Nach anfänglichen Bedenken macht es ihr großes Vergnügen, auf ein Kissen einzuschlagen und die „blöde Zicke“ zu verfluchen. Plötzlich wird ihr klar, dass die Kollegin sie an ihre ältere Schwester erinnert, die sich „immer und überall breit gemacht hat“. Als der Zorn verraucht ist, kommt Trauer zum Vorschein. Susanne weint und spürt das kleine Kind, das nicht immer im Hintergrund stehen, sondern auch gesehen und beachtet werden will. Tränen tauchen auf.
Susanne tröstet ihr inneres Kind, setzt es sich auf den Rücken und nimmt sich vor, ihm auch bei der Arbeit Beachtung zu schenken. Sie malt ein kleines Bild zur Erinnerung und stellt es auf ihren Schreibtisch.
In Gegenwart der Kollegin fühlt sie sich neuerdings reifer und souveräner. Sie setzt ihre Interessen klarer durch und strahlt eine natürliche, unerschütterliche Autorität aus. Die Atmosphäre im Büro ist wie verwandelt.

Die zweite Methode oder „Die Herzensbegegnung“

Diese Übung führen Sie zu zweit durch: Sie selbst und Ihr Konfliktpartner.

Nehmen Sie sich mindestens eine Stunde Zeit, in der Sie ungestört sind.
Vielleicht haben Sie sich einen Tee gekocht und eine Kerze angezündet – geben Sie Ihrer Klärung einen angenehmen, festlichen Rahmen. Entscheiden Sie sich, wer zuerst sprechen soll und wer als Zweiter dran ist.
Jeder der beiden Partner hat nun dreimal zehn Minuten Zeit, alles über sich und den Konflikt zu erzählen, der ihm oder ihr auf dem Herzen liegt. Der andere hört zu und achtet auf die Zeit.

Beim Sprechen achten Sie darauf, über sich selbst zu reden. Beginnen Sie Ihre Sätze mit „ich“, berichten Sie über Ihre Gefühle, erzählen Sie Ihre Sichtweise der Dinge.
Bleiben Sie bei sich.
Schließen Sie ab und zu die Augen, spüren Sie nach innen.
Sprechen Sie nicht gleich los. Nehmen Sie sich Zeit, Ihr Innerstes wahrzunehmen.
Berichten Sie über Ihre gegenwärtigen Gefühle.
Lassen Sie sich Zeit. Sprechen Sie über das, was Sie gerade bewegt.
Sagen Sie zum Beispiel: „*Ich* habe mich verletzt gefühlt, als du ...“, nicht: „*Du* verletzt mich immer“.
Bleiben Sie bei sich!
Es braucht eine gewisse Übung, über die eigenen Gefühle und die eigene Wahrnehmung zu berichten, ohne in Anschuldigungen, Vorwürfe und Verurteilungen zu verfallen.
Das Gefühl, der andere müsse einen endlich verstehen und sich endlich ändern, ist so eingefleischt, dass es schwer abzulegen ist.
Denken Sie daran: Sie sprechen nicht wirklich mit Ihrem Gegenüber, sondern mit der Person aus Ihrem inneren Theaterstück.

Sprechen Sie aus dem Herzen, nicht aus dem Kopf.
Sagen Sie: „Ich habe schon wieder das Gefühl, du müsstest dich ändern“ oder „ich merke, wie ich ärgerlich und ungeduldig mit dir werde.“
Sagen Sie *nicht:* „Du nervst mich. Wenn du doch endlich verstehen würdest...“
Üben Sie, bei sich zu bleiben.

Beim Zuhören achten Sie darauf, präsent zu bleiben (wie Sie es ja schon seit dem ersten Kapitel geübt haben).
Fühlen Sie Ihr Herz. Hören Sie mit dem Herzen zu.
Üben Sie, nicht gleich auf das zu reagieren, was der andere sagt. Atmen Sie tief durch.
Bleiben Sie bei sich. Denken Sie daran, dass auch Ihre Zeit zum Sprechen kommt.
Hören Sie so zu, wie Sie möchten, dass der andere Ihnen zuhört!
Hören Sie mit dem Herzen zu, nicht mit dem Kopf.
Hören Sie zu, als ob das, was der andere sagt, nicht Ihnen gilt.
Es gilt ja wirklich nicht Ihnen! Es gilt dem Gegenüber aus seinem inneren Theaterstück!
Nehmen Sie nichts, was der andere sagt, persönlich.
Wenn bei Ihnen Gefühle auftauchen, atmen Sie tief durch.
Spüren Sie Ihre Gefühle wie Ihr inneres Wetter.
Wenn es Ihnen hilft, können Sie die Gefühle innerlich benennen: „Ungeduld, Ärger, ...“
Atmen Sie immer wieder tief durch. Bleiben Sie präsent.

Nachdem der Erste zehn Minuten lang gesprochen hat, wird ohne langen Kommentar gewechselt. Das Ganze wiederholen Sie so lange, bis jeder dreimal gesprochen hat.
Manchmal sind zwei Durchgänge schon genug, aber es gibt auch Situationen, wo nach drei Malen nichts klarer ist als zuvor. Machen Sie in solchen Fällen nicht den Fehler, die Diskussion zwischen Tür und Angel weiterzuführen. Verabreden Sie sich zu einer weiteren Sitzung und sprechen Sie unterdessen nicht über das betreffende Thema.

Wenn Sie diese Art der Klärung noch nie erlebt haben, wird sie Ihnen zunächst merkwürdig vorkommen – wie soll sich denn etwas verändern, wenn Sie dem anderen gar nicht sagen dürfen, was er/sie alles falsch macht und ändern sollte?
Vielleicht fällt Ihnen dabei zum ersten Mal auf, wie sehr Sie sich daran gewöhnt haben, den Fehler beim anderen zu suchen.
Das soll jetzt nicht heißen, dass der Fehler stattdessen bei *Ihnen* liegt! Wenn es überhaupt einen Fehler gibt, dann den, dass wir alle nie gelernt haben, Konflikte konstruktiv und ohne Schuldzuschreibungen zu klären. Jeder hat sofort das Gefühl: Wenn ich mich nicht wehre und dem anderen meine Meinung sage, schiebt der *mir* die Schuld zu! Doch stattdessen üben Sie mit dieser Methode, zuzuhören, ohne zu reagieren, und zu sprechen, ohne den anderen manipulieren zu wollen. Das gilt für beide.

Es gehört auch Mut dazu, bestimmte Gefühle zu zeigen oder mitzuteilen. Zu groß ist das Misstrauen und die Angst, abgelehnt, verletzt, angegriffen, lächerlich gemacht, verlassen oder verurteilt zu werden.
Der Zuhörende ist oft in seinem eigenen Theaterstück gefangen und sieht in dem anderen weiterhin den Feind, der ihn „fertig machen will." Mit eine solchen Haltung machen Sie Ihrem Gegenüber das offene Reden schwer. Denken Sie daran, dass er oder sie mit Sicherheit im Inneren genauso verletzt, ängstlich, verwirrt und verloren ist wie Sie.
Wenn Sie öfter auf diese Weise miteinander geübt haben, wächst das Vertrauen in Ihrer beider Fähigkeit, sich gegenseitig zu helfen, alte Trotz- und Misstrauensreaktionen abzubauen. Es wird immer einfacher, zu sich zu stehen, offen zu bleiben, Verantwortung zu übernehmen und erwachsen zu werden.

Dann werden die alten Theaterstücke nach und nach demaskiert und Sie können sich ganz frisch und neu im gegenwärtigen Augenblick begegnen. Plötzlich stehen sich zwei gleichwertige Erwachsene gegenüber, die die anstehenden Probleme auf neuer Ebene miteinander klären wollen und können: „Man muss sich halt irgendwie einigen, das kriegen wir schon hin!" Selbst etwaige Uneinigkeiten müssen jetzt nicht mehr zu blinden Emotionsausbrüchen und Missverständnissen führen. Beide Partner wissen ja, dass der andere nicht *gegen* sie ist, sondern nur versucht, seine Bedürfnisse durchzusetzen. Sie werden sich wundern, was für kreative, unerwartete Lösungen zwei erwachsene Menschen finden können, deren inneres Kind versorgt und in Frieden mit ihnen ist.

Die dritte Methode oder „Die alltägliche Achtsamkeit"

Viele Übungen dieses Buches haben damit zu tun, sich selbst in der Gegenwart wahrzunehmen, zu spüren und anzuerkennen. Auch wenn es um Beziehungen geht, ist die Gegenwart unsere mächtigste Verbündete.
Wenn Sie in der Gegenwart präsent sind, verlieren die alten Theaterstücke ihre Macht. Zwar sind die Rollen und Gefühle aus der Kindheit weiterhin aktiv, doch Sie können sie jetzt mit einem gewissen Abstand betrachten und sind nicht mehr vollends mit ihnen identifiziert. Dann sagen Sie zum Beispiel zu sich selbst: „Ich bin total wütend, aber das fühlt sich an wie ein Kindergefühl" oder „ach, da ist eine alte Geschichte."
Tauchen alte Kindergefühle innerhalb eines Konfliktes auf, (das tun sie fast immer), dann können Sie bewusst versuchen, sie *nicht* sofort auf Ihr Gegenüber zu richten. Benennen Sie sie für sich selbst, atmen Sie tief durch und entscheiden Sie, ob es vielleicht besser ist, sich einenMoment zurückzuziehen, um die alte Geschichte alleine zu klären (Methode 1).
Oder, wenn Ihr Gegenüber die beschriebenen Methoden kennt und selbst praktiziert, lassen Sie ihn/sie wissen, dass Sie gerade vom Kind überwältigt sind.

Wenn Sie bewusst und achtsam bleiben, werden Sie mit der Zeit den Unterschied zwischen gegenwärtigen, angemesse-

nen Gefühlen und überschwemmenden, hilflosen Kindheitsgefühlen immer besser und schneller erkennen: Gegenwärtige, erwachsene Gefühle lassen Ihnen immer die Wahl, ob und auf welche Weise Sie sie ausdrücken wollen, während die alten Kindergefühle Sie selbst und Ihr Gegenüber eher überwältigen.
Auch schließt eine erwachsene, bewusste Haltung den Wunsch und die Fähigkeit mit ein, weder sich selbst noch den anderen zu verletzen. Kindergefühle hingegen können sehr rachsüchtig, hassvoll und selbstzerstörerisch sein.

Selbst wenn Ihr Gegenüber weiterhin seine Kindergeschichten ausspielt und seine Gefühle und Vorstellungen Sie bedrängen, erschrecken, erzürnen oder verwirren, können Sie das einfach spüren und für sich konstatieren, ohne gleich blind zu reagieren. Sie sind schließlich kein Kind mehr.
Damit Ihnen das auch mitten in einem Beziehungskonflikt gelingt, können Sie nichts Besseres tun, als regelmäßig die Gewahrseins- und STOPP-Übungen aus diesem Buch zu praktizieren.

Zusätzlich noch ein paar Tipps, wie Sie Ihr Gewahrsein im gegenwärtigen Augenblick im Hinblick auf Beziehungskonflikte schärfen können:

- Fragen Sie sich bei schwierigen Gesprächen oder Beziehungsproblemen immer wieder: „Bin ich wirklich hier? Fühle ich meinen Körper? Spüre ich mich?“ Sagen Sie kurz innerlich STOPP und kommen Sie mit Ihrer Aufmerksamkeit zu sich selbst zurück. Das hilt Ihnen, aus Träumen und Rollen aufzutauchen und in der Gegenwart präsent zu sein.
- Bereiten Sie sich auf schwierige Begegnungen mit der ersten Methode vor (Stilles Kämmerlein).
- Wenn Sie während einer Auseinandersetzung merken, dass Sie möglicherweise mit einer Rolle identifiziert sind, ungeduldig und aggressiv werden oder sich klein und unsicher fühlen, bitten Sie um eine Pause. Notfalls hilft es schon,

kurz auf die Toilette zu gehen, ein paar Mal tief durchzuatmen, das innere Wetter zu spüren und wieder mit sich selbst in Kontakt zu kommen. In schweren Fällen (und wenn es möglich ist) vertagen Sie die Klärung auf einen späteren Termin. Üben Sie bis dahin die erste Methode für sich allein.

- Werden Sie von den Emotionen oder Urteilen eines anderen überrascht, ist die Versuchung groß, blind zu reagieren. Üben Sie, ein paarmal tief durchzuatmen, bevor Sie etwas sagen. Lassen Sie den anderen ausreden. Hören Sie zu, ohne gleich zu antworten. Wenn Sie merken, dass Sie verwickelt sind, beenden Sie, wenn es geht, die Auseinandersetzung und verabreden Sie sich zu einer späteren Klärung. Arbeiten Sie die Angelegenheit inzwischen mit der ersten Methode durch.
- Wenn es zu offenen Aggressionen und Handgreiflichkeiten kommt, ist die Grenze dessen, was in einem Buch unterrichtet werden kann, überschritten. Besonders wenn Sie immer wieder in gewalttätige Auseinandersetzungen verwickelt werden, ist es an der Zeit, eine gute Beratung oder Therapie zu finden. Arbeiten Sie mit Ihrem inneren Kind, machen Sie die Übungen dieses Buches und holen Sie sich Hilfe!

Wie der Straßenkehrer in der Geschichte von Michael Ende können auch Sie *jetzt* beginnen, den allerersten Besenstrich auf dem Weg zu reifen, erwachsenen Beziehungen zu tun – und den nächsten, und den nächsten, und den nächsten.
In Beziehungsdingen hat der erste Besenstrich immer damit zu tun, sich selbst zu betrachten, zu spüren und zu verstehen: Die Übungen dieses Buches zeigen Ihnen, wie Sie beginnen können. So übernehmen Sie die Verantwortung für sich selbst, das innere Kind, die eigenen Gefühle und Vorstellungen und letzten Endes für das eigene Leben. Welche Rolle wollen Sie spielen, wenn Beziehungen problematisch werden, kriseln und scheitern? Die des hilflosen Opfers (wie Frau Hitzenacker) oder die des liebevollen, weisen und verständnisvollen Ratgebers, der gelernt hat, sich selbst und andere auf den Boden der Tatsachen zurückzuführen?

Beziehungen als Wachstumschance

Solange es andere Menschen auf diesem Planeten gibt, wird es Beziehungen geben.
Beziehungen erwecken Liebe, Freude und Mitgefühl und entfachen Hass, Ablehnung und Groll.
Beziehungen bringen das Beste und das Dunkelste in uns hervor.
Im Spiegel unserer Beziehungen können wir erkennen, was alles in uns steckt.
Sind wir bereit, alles, was wir dort sehen, anzunehmen, zu fühlen und als zu uns gehörig anzuerkennen?

Wenn wir einem anderen Menschen nahe kommen, bringt das unsere eigenen, unbewältigten Probleme von früher zum Vorschein – gerade die Punkte, die wir uns überhaupt nicht gerne ansehen.

Gay und Kathlyn Hendricks

Wenn wir lernen, all unsere verborgenen, abgelehnten Anteile anzunehmen und unser inneres Kind zu unterstützen und zu lieben, entwickeln wir eine gute Beziehung zu uns selbst.
Erst dann können wir auch mit anderen fair und liebevoll umgehen.
Dann können wir erfüllende Liebesbeziehungen erleben, kreative Teamarbeit leisten, erfolgreiche Arbeitskontakte pflegen und uns unseren gemeinsamen Planeten mit den anderen 6,4 Milliarden Mitmenschen teilen, ohne uns gegenseitig die Köpfe einzuschlagen.
Eine Utopie?
Die anderen sollten sich aber zuerst ändern?

Nichts kann sich ändern, wenn wir nicht hier und jetzt bei uns selbst anfangen. Und die besten Gelegenheiten, sich aus den alten Rollen zu erheben, werden uns täglich frei Haus geliefert: Es sind die vielen verschiedenen Beziehungskonflikte und -ärgernisse, die uns „die anderen" immer wieder bereiten. Wir sollten ihnen dankbar sein!

Ohne die Schocks, die uns widerfahren, wenn wir mit unseren eingefahrenen Rollen auf einen widerspenstigen Spielpartner stoßen (der eine andere, unpassende Rolle spielt), würden wir niemals aus unserem kleinen Theaterstück erwachen. Es gäbe ja keinen Grund dazu.
Doch jeder Zusammenstoß gibt uns immer wieder die Möglichkeit, festzustellen, dass wir in einem Traum lebten, der uns klein hielt.

Der Augenblick, in dem nichts mehr geht, weil zwei Menschen mit verschiedenen Rollenvorstellungen aneinander geraten, ist nicht nur furchtbar, frustrierend und ärgerlich – er ist auch kostbar, weil er die Chance birgt, uns zu zeigen, dass wir gerade genauso borniert und blind sind wie unser Gegenüber. Ein Blick in den Spiegel – und wir sehen unsere eigene Rolle.
Das ist der Anfang.
Wir sehen unsere eigene Rolle mit liebevollem Blick – und verwandeln letzten Endes die ganze Welt.

Beziehungen, die den Zustand der Freude
und des Friedens in dir nähren
und deinen Heilungsprozess unterstützen,
solltest du gut pflegen.
Alle anderen Beziehungen sind Instrumente
des Lernens, die dich wachrütteln sollen.

Paul Ferrini

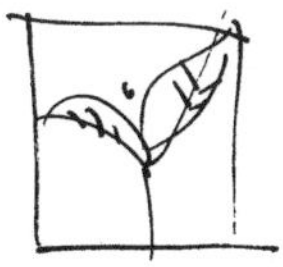

7
Der Schritt ins Glück

Wir sind so sehr daran gewöhnt,
die Welt mit Begriffen wie gut und schlecht,
fröhlich und traurig, angenehm und unangenehm zu belegen,
dass die Welt überhaupt keine Chance hat,
sich selbst zu erklären.

Pema Chödrön

In China lebten einst ein armer Bauer und sein Sohn, deren größter Reichtum war ihr einziges Pferd. Eines Tages aber lief das Pferd davon, und obwohl sie den ganzen Tag und die ganze Nacht nach ihm suchten, fanden sie es nicht wieder.
Da kamen die Nachbarn vorbei, bedauerten sie und klagten: „Welch großes Unglück! Wie wollt ihr jetzt euer Land bestellen?"
„Ach, wer weiß", entgegnete der Bauer, „ob es ein Unglück ist."
Einige Tage später kam das Pferd zurück, doch es war nicht allein: Fünf Wildpferde folgten ihm auf den Hof, die ritt der Sohn ein und zähmte sie.
Die Nachbarn waren bald zur Stelle, um die Pferde zu bestaunen und dem Bauer zu seinem Glück zu gratulieren. „Wir sehen jetzt, dass du Recht hattest," sagten sie, „und dass dein Unglück in Wirklichkeit ein Glück war."
„Ach, wer weiß", entgegnete der Bauer, „ob es ein Glück ist."
Der Sohn verbrachte nun jeden Tag auf der Koppel mit den Pferden, und als sie alle zugeritten waren, schwang er sich auf den wildesten Hengst, um auszureiten. Er wurde jedoch aus dem Sattel geworfen, stürzte schwer und brach sich das Bein.

Die Nachbarn waren entsetzt und kamen, um dem Bauern ihr Mitgefühl zu bezeugen: „Welch schreckliche Wendung des Schicksals“, sagten sie, „dein Glück war in Wirklichkeit ein Unglück!“
„Ach“, sagte der Bauer, „werdet ihr denn niemals klug? Wie wollt ihr wissen, ob es ein Unglück war?“
Einige Wochen später kamen die Abgesandten des Kaisers in das Dorf und zogen alle jungen Männer ein. Ein Krieg war ausgebrochen und Soldaten wurden gebraucht. Nur den Sohn des Bauern, der auf Krücken ging, ließen sie zurück.
Die Nachbarn aber schwiegen.

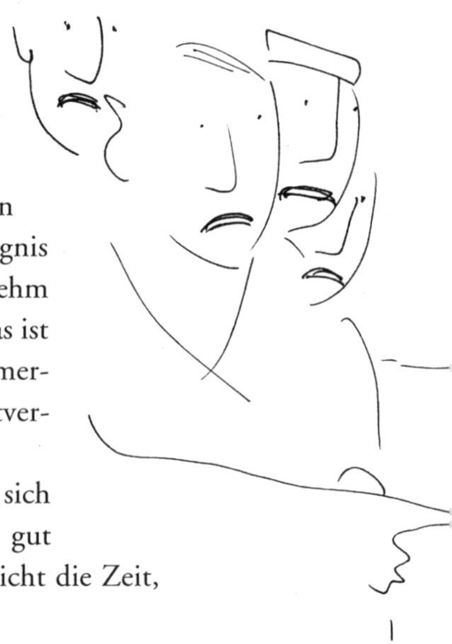

Wie schnell wir doch mit unserem Urteil zur Hand sind ...
Genau wie die Nachbarn des Bauern in dem obigen Märchen neigen auch wir dazu, jedes Ereignis sofort in gut oder schlecht, angenehm oder unangenehm einzuteilen. Das ist uns so vertraut, dass wir es kaum merken oder zumindest völlig selbstverständlich finden.
Wir „finden“ die Dinge, bevor sie sich selbst enthüllen. Wir finden sie gut oder schlecht und geben ihnen nicht die Zeit, sich zu erklären.
Warum tun wir das?
Um das Gefühl zu haben, Bescheid zu wissen. Um die Dinge in der Hand zu haben.
Um uns sicher zu fühlen.

Als Albert Einstein nach der wichtigsten Frage gefragt wurde, die sich die Menschheit stellt, antwortet er: „Ist das Universum sicher?“

Aus tiefer Verunsicherung heraus haben wir Mauern, Schließanlagen, Tresore und Gewehre erfunden und gelernt, Dinge und Menschen sofort in gut oder schlecht, Freund oder Feind einzuteilen. Gegen Krankheiten lassen wir uns impfen, gegen Unfälle und Diebstahl versichern. Wir schließen unsere Türen ab, trauen den anderen im Zweifelsfalle lieber das Schlimmste zu und fühlen uns im Grunde unseres Herzens immer noch so ausgesetzt und ungeborgen wie als kleine Kinder.

Unsere grundlegende Angst

Biologisch gesehen ist die menschliche Spezies eigentlich kaum überlebensfähig – unsere Instinkte sind verkümmert, unsere Sinne abgestumpft und darüber hinaus werden wir ungefähr zwölf Monate zu früh geboren. Würden wir nach der Geburt uns selbst überlassen, müssten wir elendiglich verkümmern und sterben.

Der Mensch, so formulierte es der Biologe Portmann, ist eine physiologische Frühgeburt. Er kommt völlig hilflos auf die Welt, im Gegensatz zu vielen anderen Säugetieren, die bereits nach der Geburt die wesentlichen Artmerkmale und die entsprechenden Verhaltensweisen aufweisen. Die menschliche Schwangerschaft müsste 21 Monate dauern, damit Neugeborene jenen Ausbildungsgrad erreichen, den andere Säugetiere bei ihrer Geburt haben. Die Mängelliste der menschlichen Naturausstattung reicht aber weiter. Der Mensch besitzt kein schützendes Haarkleid und ist mit leistungsschwachen Sinnesorganen ausgestattet. Die menschlichen Instinkte sind verkümmert dank Jahrtausende währender Selbstdomestikation (Selbstzähmung, -kultivierung).

B. Dechmann/Ch. Ryffel, *Soziologie im Alltag*

Wie bedürftig und abhängig sich ein kleines Kind fühlt, und dass uns die damalige Ungeborgenheit immer noch in den Knochen steckt, haben Sie schon beim dritten Schritt erfahren.
Doch auch als Erwachsene sind wir abhängig von der Erfüllung bestimmter Grundbedürfnisse: Ohne Schutz vor der Witterung (Kleidung, ein Dach über dem Kopf) und regelmäßige Nahrung können wir nicht überleben, und unsere emotionalen Bedürfnisse (geliebt und anerkannt zu werden und sich emotional sicher zu fühlen) sind uns vielleicht nicht bewusst, bestimmen aber in großen Zügen unser Leben.
Jede dieser Abhängigkeiten macht uns verletzlich, und so ist es kein Wunder, dass wir Angst haben – zumal uns unser Bewusstsein in die Lage versetzt, zu erkennen, dass nichts in dieser Welt von Dauer ist. Unsere Ängste sind realistisch:
Alles kann – und wird – vergehen. Alles kann uns genommen werden – unser Besitz, unsere Gesundheit, unsere Würde, unsere Sicherheiten, unser Leben. Freunde können uns verlassen, Geliebte uns betrügen, Verbündete sich gegen uns wenden. Wir fürchten uns vor Armut, Krankheit und der Unberechenbarkeit des Lebens. Wir fürchten uns vor dem Leben. Wir fürchten uns vor dem Tod. Wir fürchten uns vor der Angst. Wir fürchten uns vor den Menschen –, auch vor denen, die uns nahe stehen: Wie leicht können sie uns verletzen, verlassen oder hintergehen.

Der Mensch ist mit Vernunft ausgestattet, er besitzt ein Bewusstsein seiner selbst, seiner Mitmenschen, seiner Vergangenheit und der Möglichkeiten seiner Zukunft. Das Gewahrsein dessen, dass er eine kurze Lebensspanne vor sich hat, dass er ohne seinen Willen geboren wurde und gegen seinen Willen sterben wird, dass er allein und abgesondert und den Kräften der Natur und der Gesellschaft hilflos ausgeliefert ist – all das macht seine abgesonderte, einsame Existenz zu einem unerträglichen Gefängnis. Die Erfahrung dieses Abgetrenntseins erregt Angst, ja sie ist tatsächlich die Quelle aller Angst.

Erich Fromm, *Die Kunst des Liebens*

Sind Sie jemals einem Menschen begegnet, der frei von Angst ist? Solch ein Mensch muss entweder ein Heiliger oder ein Wahnsinniger sein – ein Heiliger, wenn seine Angstlosigkeit auf dem tiefen Wissen basiert, in diesem Universum geborgen zu sein, was immer auch geschehen mag; ein Wahnsinniger, wenn er seine Angst so tief in sich vergraben, so absolut von seinem Fühlen abgeschnitten hat, dass ihm die eigene Ungeborgenheit gar nicht mehr bewusst ist.
Wir anderen sind alle mehr oder weniger „erfolgreich" damit beschäftigt, einen inneren oder äußeren Burgwall aus Sicherheit aufrecht zu erhalten oder ständig weiter auszubauen. Sogar die Tatsache, dass sich manche Nationen bis an die Zähne bewaffnen und überall Feinde wittern, basiert letzten Endes auf derselben tiefen, existenziellen – und unreflektierten – menschlichen Verunsicherung.

Angst regiert die Welt:
Angst vor der Vernichtung,
Angst vor Strafe,
Angst vor Ablehnung,
Angst, nicht dazuzugehören,
Angst vor Kritik,
Angst, lächerlich gemacht zu werden.

Welches ist Ihre liebste Angst?

Die Sicherheitszone

Um die Angst von uns fernzuhalten, versuchen wir, uns einen sicheren Bereich, eine Komfortzone zu schaffen, die eine gewisse Geborgenheit verspricht. Wir richten uns unser Leben so ein, dass alles, was uns bedrohen könnte, auf Abstand gehalten wird.

- Wir lassen eine Sicherheitsanlage installieren, bauen einen Zaun, sparen Geld und füllen unsere Tiefkühltruhe (materielle Absicherung);

- wir trauen keinem, verlieben uns lieber nicht, sind zu jedem nett, halten uns zurück oder sind permanent aggressiv (emotionale Absicherung);
- wir bilden uns zu allem eine Meinung, sind perfekt informiert und haben für jede Eventualität eine Idee und einen Plan parat (intellektuelle Absicherung).

Doch all unsere Strategien können uns nicht auf immer schützen. Sobald das gewohnte „sichere“ Umfeld durch irgendetwas erschüttert wird, tritt die Angst aus den Kulissen, wo sie im Schatten gesessen und auf ihren Auftritt gewartet hat.
Scheinwerfer an!
Da steht sie mitten auf der Bühne, die dunkle Diva, und erinnert uns daran, dass all unsere selbst erschaffenen Sicherheiten vergänglich sind.

Soll das denn heißen, dass es überhaupt keinen Zweck hat, sich so gut wie möglich auf die Zukunft vorzubereiten, sein Geld zu sparen, Pläne zu machen und Marmelade zu kochen?
Sie wissen natürlich selbst, dass es dumm wäre, sich nicht auf den menschlichen Erfahrungsschatz zu stützen und für die Zukunft vorzusorgen – auch wenn die Zukunft vielleicht anders aussieht, sobald sie zur Gegenwart geworden ist. Doch wer erhofft, mit all diesen Aktivitäten seine Ängste nachhaltig zu besänftigen, wird enttäuscht werden. Die Zukunft ist so ungewiss wie das ganze Leben, daran ändern auch all unsere Vorbereitungen nichts: Mit unseren Strategien versuchen wir, der Unsicherheit ein Höchstmaß an Planung und Sicherheit entgegenzusetzen, um sie auf diese Weise aufzulösen. Doch wenn das funktionieren würde, wäre der sicherste Platz in dieser Gesellschaft ein Hochsicherheitstrakt im Gefängnis: Geschützt vor der Welt, sicher bewacht, gut geheizt, jeden Tag etwas zu essen und niemand, der einen bestehlen kann.

Sehen Sie, was passiert, wenn wir unseren Kokon bis zur Perfektion spinnen? Wir schließen nach und nach eine Unsicherheit nach der anderen aus, bis schließlich das ganze, unwägbare Leben außerhalb stattfindet und wir es uns auf engstem Raum eingerichtet haben.
Und solange noch ein Fünkchen Leben in uns ist, werden wir uns auch dort, eingesponnen im Kokon, unsicher fühlen.

Liebe die Ungewissheit

Könnte es sein, dass unser Unsicherheitsgefühl der Beweis ist, dass wir lebendig sind?
Unsere Lebendigkeit macht uns zu Funken im großen Leuchtstrom des Lebens – zu Wellen eines Fließens und Strömens, das unvorhersehbar, geheimnisvoll und immer überraschend ist. Das Leben hat seine eigene Vorstellung davon, was es uns als Nächstes präsentieren wird, und fragt nicht, ob wir einverstanden sind.
Sich auf diese dynamische, allumfassende Kraft einzulassen erfordert Mut – und ist zugleich ein Schritt, zu dem uns all unser Sehnen drängt. Nichts wünscht sich unser Wesen mehr, als frei und offen am Leben teilzuhaben, mit den Wellen zu strömen, mit dem Wind zu tanzen.
Wenn wir es wagen, aus dem Sicherheitskokon von Vorstellungen, Plänen und Ängsten herauszutreten und auf das zuzugehen, was *ist*, offenbart sich uns die Welt in ihrer überwältigenden Schönheit, und wir erfahren, dass wir eins mit ihr sind.
All die Übungen der vorangegangenen Kapitel beschäftigen sich direkt oder indirekt mit diesem Schritt in das Leben, das Sein und die unergründliche, beglückende Gegenwart. Wir haben auf verschiedenste Weise geübt, mit allem, was wir sind, einfach präsent zu sein und uns der Welt – wenn auch nur für einen Augenblick – vorbehaltlos zu öffnen. Dass hier das Tor zum Glück liegt, ist für Sie vielleicht schon zu einer Erfahrung geworden.

Die Tendenz, sich auf sich selbst zurückzuziehen und sich selbst zu schützen ist sehr stark und durchdringt alles. Eine einfache Methode, diese Tendenz umzukehren, besteht darin, Neugier für alles zu entwickeln.

Pema Chödrön

Unsicherheit und Angst sind letzten Endes nichts anderes, als eine bestimmte Klimazone in unserem inneren Garten. Wir können uns ihnen genauso nähern, wie allen anderen Wetterlagen: Mit Interesse und Offenheit.

Versuchen Sie's doch einmal! Als geübte Reisende in inneren Gefilden brauchen Sie sich vor der Ungeborgenheit nicht zu fürchten – Sie wissen schon, wie's geht, und dass letzten Endes Ihr offenes, beobachtendes Interesse immer größer ist, als jede enge Vorstellung, jedes einschränkende Gefühl.

ÜBUNG

- Schließen Sie die Augen, atmen Sie ein paar Mal tief durch und fühlen Sie voller Interesse zu sich hin. Welches Wetter herrscht gerade in Ihrem Inneren?
  Vielleicht können Sie den Schleier von Verunsicherung, Vorsicht, Anspannung oder Angst spüren, der Ihr inneres Klima wie ein feiner Nebel durchzieht.
- Richten Sie Ihre Aufmerksamkeit jetzt ganz gezielt auf diese Grundstimmung. Fühlen Sie sie, ohne in ihr zu versinken. Beim nächsten Ausatmen sagen Sie leise: „Ja".
- Üben Sie eine Weile, bei jedem Einatmen die Grundstimmung von Unsicherheit zu spüren und bei jedem Ausatmen „Ja" zu sagen.
- Sagen Sie sich: „Ich spüre meine Unsicherheit. Ich spüre, dass ich lebendig bin."
- Achten Sie darauf, was für Feinabstimmungen, Farben und Strömungen Ihre Unsicherheit oder Angst enthält. In manchen Unsicherheiten verbirgt sich Wut oder Hass, in ande-

ren Freude, Trauer oder die frohe, ekstatische Erregung, lebendig zu sein.

Das Leben ist unwägbar, überraschend und frei – und Sie sind Teil dieses freien und wilden Lebens. In Ihrer Jugend haben Sie das sicher des öfteren gespürt, und falls Sie noch jung sind, wissen Sie, wovon ich rede. Sollten Sie (wie ich) schon etwas älter sein, können Sie auf Ihr Leben zurückblicken und vielleicht sehen, dass Erwachsensein und Älterwerden viel zu oft damit zu tun hatten, den Kokon aus Sicherheit besser und fester zu spinnen und das eigene Gefängnis täglich zu vervollkommnen.
Können Sie durch das dichte, watteartige Gespinst aus Sicherheiten noch die Einladung hören, die das Leben täglich an Sie richtet? „Strampel dich frei. Entledige dich der Ketten. Sprenge den Kokon. Lebe!"

Eine beliebte Postkarte der letzten Jahre zeigt das Foto eines kleinen Jungens, der stur und etwas trotzig in die Kamera blickt. Unterschrift: „Lebe wild und gefährlich!"
Wenn wir das Leben so nehmen, wie es sich uns anbietet, bleibt uns gar nichts anderes übrig.

Das heißt nicht, dass Sie ab jetzt keine Miete mehr bezahlen oder sich Ihre Lebensversicherung ausbezahlen lassen – aber es könnte hilfreich sein, sich des Kokons, mit dem Sie sich umgeben haben (materiell, emotional und/oder intellektuell) immer mehr bewusst zu werden und zu üben, den eigenen Ängsten ins Gesicht zu sehen. Die obige Übung kann Ihnen helfen, das Licht des Bewusstseins auf die Kräfte zu richten, die Ihr Leben regieren.

Angst und Unsicherheit werden wahrscheinlich immer bei Ihnen sein, und es dient Ihrem Glück am ehesten, sie als interessante, wenn auch ungebetene Gäste zu betrachten.
Sollten Sie hingegen versuchen, die beiden abzuwimmeln, werden Sie erleben müssen, dass sie sich immer wieder durch die

Hintertür einschleichen. Auch der Versuch, sie zu besänftigen, indem Sie ihnen den Hausschlüssel und die eigene Seele zu Füßen legen, führt nur zu Frustrationen. Zeigen Sie den beiden Plagegeistern, wer der Herr oder die Herrin im Hause ist, indem Sie das Licht Ihres Bewusstsein auf sie richten: „Ich sehe euch, ich spüre euch, ich bin größer als ihr."

Angst und Mut

Wir leben in einer Zeit, in der es auf der ganzen Welt keinen sicheren Platz mehr gibt. Vorbei der Traum, vor der Angst und dem Leben davonzulaufen! Zwar mag es in manchen Situationen das Klügste sein, den Ort, an dem man lebt, zu verlassen (wie die Flüchtlingsströme im Umkreis von Kriegen und Tyranneien bekunden), aber die Vorstellung, sich auf einer idyllischen Insel niederzulassen und die heile Welt zu genießen, beginnt langsam aus den Köpfen der Menschen zu verschwinden.

Da sind wir nun, wo wir sind und haben die Möglichkeit, uns gegen das Leben zu wehren oder unsere Türen zu öffnen und es als allgegenwärtigen, großen Freund einzuladen – um dann wahrscheinlich festzustellen, dass es schon die ganze Zeit auf der Ofenbank hockte, unergründlich lächelnd und voller Interesse all unsere Ausflüchte beobachtend.

Das Leben anzunehmen, erfordert Mut – die Sorte Mut, die tapfer neben der Angst steht und unbeirrt darauf achtet, dass wir uns nicht bei jeder steifen Brise schnell wieder in unseren Kokon verziehen. Angst und Mut sind Zwillinge, aus demselben Holz geschnitzt, und vertragen sich im Grunde richtig gut. In Ihrem inneren Garten sitzen sie nebeneinan-

der auf derselben Bank, auch wenn Schwester Angst bislang lauter und vielleicht etwas penetranter um Ihre Aufmerksamkeit geworben hat.
Sobald sich die Angst wieder zu Wort meldet, können Sie Ihren Blick ein wenig zur Seite schweifen lassen und ihren Bruder, den Mut, mit einbeziehen. Dann haben Sie plötzlich die Wahl, sich entweder zu verkriechen und klein zu machen, oder an der Hand des Bruders einen größeren, weiteren Blick zu wagen. Sie sind der Angst nicht länger ausgeliefert.

Es galt immer zu wählen. Jeder Tag, jede Stunde bot eine Gelegenheit, eine Entscheidung zu treffen, eine Entscheidung, die bestimmte, ob man sich den Mächten, die drohten, unser Wesen, unsere innere Freiheit zu rauben, unterwarf oder nicht, und die bestimmte, ob man zum Spielball der Umstände wurde oder nicht.

Viktor Frankl *(über das Leben im Konzentrationslager)*

Manchmal mag es richtig sein, der Angst nachzugeben, manchmal, den Mut einzubeziehen. Sie selbst haben die Wahl, und darin liegt Ihre Würde.

Unsere Angst macht uns verführbar und lässt uns leicht zu willfährigen Opfern werden. Keiner könnte einen anderen Menschen manipulieren oder Macht über ihn ausüben, wenn es die Angst nicht gäbe – und es wird vielleicht immer Situationen geben, in denen wir der Angst ausgeliefert sind. Doch schon die Erkenntnis, keine andere Wahl zu haben und sich bewusst dem Unvermeidlichen zu fügen, hat mehr Würde, als ein blindes Sich-Aufgeben. Auch die Angst gehört zu unseren inneren guten Geistern, obwohl es oft nicht so scheinen mag: Die obige Übung hat Ihnen vielleicht gezeigt, was alles in der Angst verborgen sein kann. Und je besser wir sie und ihren Bruder, den Mut, kennen lernen, desto freier können wir uns in dieser unsicheren Welt fühlen: Angst oder Mut – wir sind bei uns, im Zentrum unseres Universums, lebendig im ungewissen, wilden Sein.

Ausgesetzt auf den Bergen des Herzens. Siehe, wie klein dort,
siehe: die letzte Ortschaft der Worte und höher,
aber wie klein auch, noch ein letztes
Gehöft von Gefühl. Erkennst du's?
Ausgesetzt auf den Bergen des Herzens. Steingrund
unter den Händen. Hier blüht wohl
einiges auf; aus stummem Absturz
blüht ein unwissendes Kraut singend hervor.
Aber der Wissende? Ach, der zu wissen begann
und schweigt nun, ausgesetzt auf den Bergen des Herzens.
Da geht wohl, heilen Bewusstseins,
manches umher, manches gesicherte Bergtier,
wechselt und weilt. Und der große geborgene Vogel
kreist um der Gipfel reine Verweigerung. – Aber
ungeborgen, hier auf den Bergen des Herzens ...

Rainer Maria Rilke, *Ausgesetzt auf den Bergen des Herzens.*

Wissen und Nicht-Wissen

Sich ungeborgen zu fühlen und in Ungewissheit zu leben ist vielleicht eine der größten Herausforderungen für uns westliche Menschen. Schließlich haben wir gelernt, dass Wissen Macht ist, und die meisten von uns glauben, nur lange genug forschen zu müssen, um das Universum irgendwann in den Griff zu kriegen. Dann würden wir das Geheimnis durchdringen und alles verstehen, und endlich wäre die Zeit der Unsicherheit vorbei.
Doch je tiefer wir forschen, desto geheimnisvoller wird die Welt: Ist ein Elementarteilchen nun ein Teilchen oder eine Welle? Und was ist mit schwarzen Löchern, Paralleluniversen und Negativmaterie? Verschafft es uns wirklich ein Gefühl der Sicherheit, unseren Horizont bis ins Kleinste und Größte zu erweitern?

Wenn uns ein Forscher erklärt, dass wir in einem Multiversum mit endlos vielen Paralleluniversen leben und theoretisch durch ein Wurmloch, dessen Wände aus Antimaterie bestehen, in die

Vergangenheit reisen können – lehnen wir uns dann beglückt im Sessel zurück und seufzen: „Endlich fühle ich mich geborgen"?

Mit offenem Geist und ohne Vorurteile beschritten, kann der Weg des Wissens zu einem Weg der Ehrfurcht und des Staunens werden, der uns zu immer größeren Horizonten führt. Die Freude am Lernen, Forschen und Entdecken kann genauso beglückend sein wie die Befriedigung, die ein Künstler oder ein Handwerker empfindet, wenn ihm sein Werk gelungen ist – doch aus der Unsicherheit führt uns dieser Weg nicht.
Wir wissen gar nicht so besonders viel, und ein Großteil der Kenntnisse, auf die wir unser Weltbild stützen, beruht nicht einmal auf eigener Erfahrung. Irgendjemand hat sie uns irgendwann einmal vermittelt.
Wie können wir sicher sein, dass er oder sie nicht gelogen hat oder vielleicht selbst nicht Bescheid wusste?
Wissen und Nicht-Wissen sind siamesische Zwillinge: Wenn wir nur lange genug nachfragen und tief genug forschen, müssen wir zugeben, dass wir im Grunde keine Ahnung haben.
Es kann sehr erleichternd sein, sich das einzugestehen.

Wer weiß, dass er nichts weiß, kann die wundersame, unerklärliche Welt, in der wir leben, mit der gleichen Unschuld betrachten wie ein Kind. Kein Wissen, keine Meinung, kein Urteil – nur unermessliches Staunen.
Jeder einzelne Augenblick birgt endlose Überraschungen. Wenn wir ihm ohne den Ballast angesammelten Wissens begegnen, erlauben wir ihm, sich selbst zu offenbaren. Eine solche intime Begegnung mit dem Leben kann einem das Gefühl geben, die wortlose Sprache aller Dinge und Wesen zu verstehen, und eine tiefe Wertschätzung, sogar Liebe für alles, was existiert, kann entstehen. In solchen Momenten wird der Unterschied zwischen häßlich und schön aufgehoben, alles enthüllt seine eigene Würde, nichts bleibt ausgeschlossen. Und wenn es heißt, dass der Grundstoff des gesamten Universums Liebe ist – in solchen Momenten wissen wir, dass es stimmt.

Angst und Liebe

Es wird allgemein angenommen, dass Angst und Mut Gegensätze sind. Doch als ich vor Jahren den Vorschlag hörte, dass eigentlich die Liebe der Gegenpol der Angst sei, war ich sofort überzeugt. Folgende Überlegung wurde angestellt:

Nicht der Mut, sondern die Liebe steht im Gegensatz zur Angst. Mut und Angst können nebeneinander bestehen, doch wo die Liebe weilt, verschwindet sofort die Angst – und wo die Angst regiert, ist kein Platz für die Liebe. Angst macht eng (wie ihr Name schon sagt), doch die Liebe sprengt die Ketten um das Herz und überwindet alle Grenzen.

Zu lieben bedeutet, das Ungewisse offen anzunehmen und zu wagen, sich zu geben, ohne etwas zurückzufordern – auch keine Sicherheitsgarantie.
Angst zu haben bedeutet, allem zu misstrauen.
Nur wer liebt, kann glücklich sein – und nur wer ohne Bedingungen liebt, kann bedingungslos glücklich sein.

Sonjuscha, wissen Sie, wo ich bin, wo ich Ihnen diesen Brief schreibe? Ich habe mir ein kleines Tischchen herausgeschleppt und sitze nun versteckt zwischen grünen Sträuchern. Rechts von mir die gelbe Zierjohannisbeere, die nach Gewürznelken duftet, links ein Ligusterstrauch, und vor mir rauscht langsam mit ihren weißen Blättern die große, ernste und müde Silberpappel.
In der Gefängniskirche ist Gottesdienst; dumpfes Orgelspiel dringt undeutlich heraus, gedeckt vom Rauschen der Bäume und dem hellen Chor der Vögel.
Wie ist es schön, wie bin ich glücklich, man spürt schon beinahe die Johannisstimmung – die volle, üppige Reife das Sommers und den Lebensrausch.

Rosa Luxemburg an Sophie Liebknecht *(Brief aus dem Gefängnis)*.

Solange wir auf etwas Besseres, Schöneres und Richtigeres hoffen, als das, was *da* ist, wird unsere Investition in die Zukunft

immer größer. Wir errichten riesige Gebäude im *Demnächst* oder *Irgendwann-Einmal*, schmücken sie in Gedanken immer weiter aus und warten darauf, endlich dort einziehen zu dürfen. Unsere Taschen stehen gepackt unter dem Bett und wir sind schon gar nicht mehr richtig anwesend.
Und dann kommt der kleine, zarte Moment, in dem wir offenen Herzens das Schneeglöckchen betrachten, das über Nacht neben der Gartenpumpe erschienen ist. „Solch ein kleiner Schlingel!“ lächeln wir, und irgendwo im Nirgendwo stürzen alle Traumschlösser ein. Dieser Augenblick enthält alles, was wir uns je erhofft hatten.
Keine Sicherheitsgarantie, aber so viel Leben, so viel Erfüllung.

Das ewige Glück findet jetzt statt. Still und unspektakulär vielleicht, manchmal auch laut und schrill – wie das Leben halt so ist. Wenn wir das Glück immer wieder am Hemdzipfel ergreifen, zieht es uns mit in die Weite des Jetzt.
Versuchen Sie es selbst! Jetzt, in diesem Augenblick ist alles da, was Sie zum Glück benötigen.

Sobald du den gegenwärtigen Moment würdigst,
lösen sich Unglück und Kampf ganz auf,
und das Leben beginnt mit Freude und Leichtigkeit zu fließen.

Eckhart Tolle, *Jetzt – die Kraft der Gegenwart*

Hier ist das Glück – treten Sie ein!

Nun habe ich Sie viele Worte, Sätze und Kapitel lang eingeladen, sich zu trauen, glücklich zu sein. Sie sind durch die verschiedensten inneren und äußeren Landschaften gereist, haben einige Mitreisende kennengelernt und sind dem Glück hoffentlich so viele Male und auf so verschiedene Weise begegnet, dass Sie sich ihm jetzt schon viel näher fühlen.
Das Tor zum Glück steht offen:

Treten Sie ein!

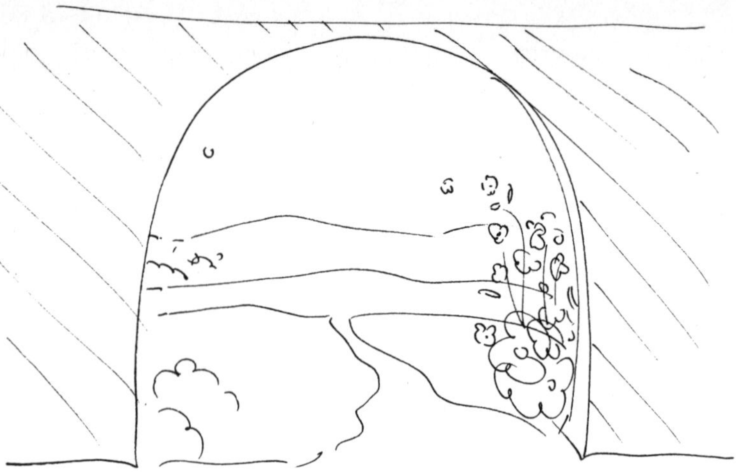

Natürlich vergessen wir immer wieder, wie einfach es sein kann, glücklich zu sein: Glücklich darüber, dass wir lebendig sind, dass wir fühlen, sehen, hören, schmecken und lieben können – und letzten Endes ohne jeden Grund.
Einfach nur so.

Im Glück zu Hause

Im Buddhismus gibt es ein Gleichnis, das erklärt, wie es immer einfacher und selbstverständlicher wird, im Glück, in der Gegenwart oder im Sein zu Hause zu sein:
Zuerst, so heißt es, befindet sich der Buddha hinter uns. Nach einer gewissen Zeit verändert er seinen Standpunkt und steht plötzlich vor uns – und schließlich scheint er verschwunden zu sein. Er hat sich in uns aufgelöst oder wir sind zu ihm geworden.

Den Buddha können wir als Symbol für das bedingungslose Glück sehen, das wir im Jetzt finden können.
Wenn wir beginnen, uns mit dem Glück zu beschäftigen, werden wir oft das Gefühl haben, dass es uns entrinnt und verloren geht. Wir verlieren uns in alten Gewohnheiten und vergessen, dass das Glück immer gegenwärtig ist. Erst wenn wir uns an es (und an uns selbst) erinnern, unsere Übungen machen und uns um das Glück bemühen, finden wir es wieder – es hatte sich hinter unserem Rücken versteckt.

Irgendwann ist uns die Präsenz des Glücks so vertraut, dass wir es nicht mehr vergessen. Es steht vor uns – klar sichtbar – und wir brauchen uns nur zu besinnen und aufzuschauen, um zu wissen, dass es da ist.
Zum Schluss ist das Glück nichts mehr, an das wir uns erinnern müssen. Es ist zum selbstverständlichen Klima unseres Lebens geworden, innen und außen.
Wie der Fisch, der das Wasser, in dem er schwimmt, gar nicht wahrnimmt, weil es sein Lebenselement ist, tauchen auch wir in unser Element ein. Dann kann geschehen, was mag – wir sind eins mit dem Sein, geborgen im Universum, zu Hause im Glück.

Abschied

Wir sind am Ende der Reise angekommen und unsere Wege trennen sich. Vielleicht haben Ihnen meine Anregungen geholfen, zu erfahren, wie nahe und gegenwärtig das Glück in Wirklichkeit ist, oder Sie haben gelernt, sich selbst mit größerer Offenheit anzunehmen. Vielleicht sind Sie auf den Geschmack gekommen und haben sich entschlossen, den Weg ins Glück weiter zu beschreiten, oder Sie fühlen sich angeregt, weiter zu forschen, zu lesen und Informationen zu sammeln.
Wo immer Sie sich befinden, was immer Ihre Ausrichtung und Ihr Standpunkt ist – es hat mich gefreut, mit Ihnen ein Stück zu reisen, und ich wünsche Ihnen Mut, Ausdauer und Entdeckerfreude auf dem Weg ins bedingungslose Glück.

Du hast keine Begrenzungen.
Im Gegenteil, Du hast die Energie und Fähigkeit,
das wunderbare menschliche Schicksal,
das wunderbare menschliche Selbst zu erfüllen.

Virginia Satir

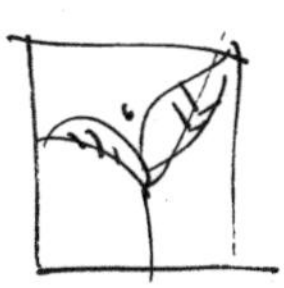

Ein Überblick

Der Schritt ins Glück will täglich aufs Neue getan werden, bis jeder Schritt, den Sie gehen, ein glücklicher ist. Die folgenden drei Ansätze können Ihnen helfen, Ihren Weg immer wieder in die richtige Richtung zu lenken.

Der erste Ansatz: *Glück, das uns überrascht*
Selbst wenn wir oft und lange nicht wirklich präsent sind: Manchmal fällt uns das Glück einfach so zu. Es zwängt sich unter der Türritze durch, schleicht sich durch das angelehnte Fenster oder die Katzenklappe und überrascht uns mit seinem Strahlen.

Solche Glücksmomente sind wie ein Vorgeschmack auf das „große", unverbrüchliche Glück, nach dem wir uns alle sehnen. Sie katapultieren uns in die Gegenwart (nie war es so schön, jetzt hier zu sein!), laden uns ein, ihnen unsere ganze Aufmerksamkeit zu schenken und geben uns den Mut, Vergangenheit und Zukunft zur Abwechslung einmal auszuschalten. So üben wir, glücklich zu sein.

Außerdem können wir in solchen glücklichen Momenten oder Zeiten besonders gut beobachten, welche Vorstellungen, Bedenken und Ängste sich zwischen uns und unser Glück stellen. Jeder kennt die inneren Stimmen, die immer wieder versuchen, einem die glücklichen Momente madig zu machen – bei manchen sind sie laut und klar zu hören, andere erleben sie eher in Form von Unruhe, Widerstand oder anderen unguten Gefühlen. Da ist man endlich einmal glücklich, und schon regt sich:

- der Zweifel, ob das Glück wirklich verdient ist oder man sich nur etwas vormacht,

- das Schuldgefühl, weil ein anderer nicht genauso glücklich ist wie man selbst,
- die Angst, dass einem das Glück geneidet oder zerstört wird,
- die Panik, dass man gerade irgend etwas falsch macht und damit das Glück wieder vertreibt,
- der Drang, das Glück um jeden Preis festzuhalten und
- das Wissen, dass es einem nicht gelingen wird.

All diese inneren Einwände und Gefühle sind immer in uns vorhanden und unterstützen uns normalerweise bei unserem unbewussten Bestreben, das Glück auf Abstand zu halten. Doch nun hat das Glück sich trotzdem eingeschlichen und die Stimmen werden lauter. Das ist unsere Chance, sie wahrzunehmen und in unsere glückliche Gegenwart einzuladen:
Nehmen Sie die Ängste und Einwände bewusst zur Kenntnis, und wenn es Ihnen gelingt, hüllen Sie sie in das Strahlen Ihres gegenwärtigen Glücks. „Ja, alte Stimme, alte Kritik, alte Angst – ich höre dich. Rede nur, dann erfahre ich endlich, was für geheime Gründe ich in mir trage, nicht glücklich zu sein."

Der zweite Ansatz: *Glück in der Gegenwart*
Wenn das Glück uns nicht von selbst mit seiner Präsenz beehrt, können wir aktiv dazu beitragen, es in unser Leben zu holen. Jeden Augenblick, in dem wir üben, im Hier und Jetzt gegenwärtig zu sein, laden wir das Glück zu uns ein, denn nur im Jetzt kann es existieren. Vieles, was uns in der Gegenwart begegnet, lehnen wir zwar gewohnheitsmäßig ab, doch in und hinter ihm ist das Glück verborgen, wie Sie in den Übungen dieses Buches immer wieder erfahren können. Das ganze Buch mit all einen Übungen unterstützt diesen zweiten Ansatz, glücklich zu sein.

Der dritte Ansatz: *„Ja" zum Glück*
Die dritte Möglichkeit, das Glück einzuladen, besteht darin, „Ja" zu sich selbst zu sagen und allem, was Sie in sich entdecken, mit Akzeptanz zu begegnen. Wenn Sie gelernt haben, sich selbst

immer wieder anzunehmen, können Sie beginnen, das "Ja" auf alles, was ist, auszuweiten. Dann werden Sie irgendwann erleben, dass sich alle falschen Vorstellungen im Licht Ihres Bewusstseins auflösen und Ihre wahre Größe – die Größe des Universums – auf immer zu Ihrem Zuhause wird.
Sie sind im wahren Glück angekommen.

Übung für jeden Tag:

Sagen Sie leise STOPP, schließen Sie die Augen und spüren Sie sich selbst, Ihren Körper und Ihren inneren Garten.
Nun hüllen Sie sich selbst – so, wie Sie gerade sind – einen Augenblick lang in Akzeptanz, Liebe und ein bedingungsloses „Ja“ ein.
Öffnen Sie die Augen und betrachten Sie die Welt einen Moment lang mit demselben „Ja“, als seien Ihre Augen eine Kamera und Ihr Herz das Blitzlicht.
Schließen Sie noch einmal kurz die Augen und fühlen Sie, wie es Ihnen in diesem kurzen Augenblick geht. Falls Gedanken, Urteile oder Bedenken auftauchen, schließen Sie diese mit in das „Ja“ ein: Es darf sie alle kurz beleuchten und erhellen.
Geben Sie sich im Laufe des Tages immer wieder die Gelegenheit, sich selbst und die Welt mit einem „Ja“ anzuleuchten.

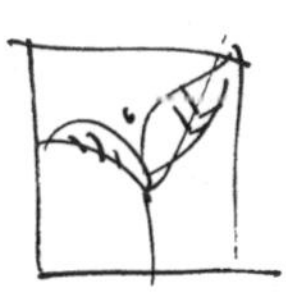

Notizen:

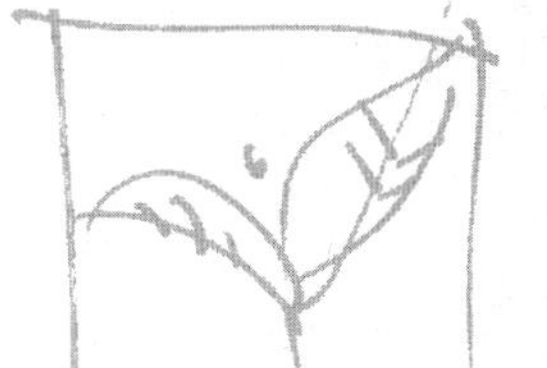

Danke!

Mir gefallen die Danksagungen am Ende von Büchern, weil sie einen Scheinwerfer hinter die Kulissen auf all die Helfer und Mitspieler richten, ohne die es keine Show oder kein Buch gäbe.

Helfer und Mitspieler bei diesem Buch waren:
Joachim Kamphausen, der eine spontane Idee hatte und voller Vertrauen dabei blieb, als das Leben alles änderte,
Angela Buddecke, meine begabte Freundin, die Frau Hitzenacker ihre Stimme lieh,
meine Schwester Ulrike, die immer wieder geduldig zuhörte und die richtigen Vorschläge machte,
Irene Schmidt, die als strenge Leserin auf die wichtigen Kleinigkeiten achtete,
Gabriela Tiedemann, die sich einiges anhörte,
Bärbel D., ohne die nichts passiert wäre,
Ruben G. Strobel, der sich um den kapriziösen Computer kümmerte,
Marianne Nentwig, die mir den Weg in den Verlag ebnete,
Michele Cassou, deren Buch meine Kreativität beflügelte,
Eva, Lena, Fritz, Mathias und Achim (einfach so)
und die vielen Lehrer, Freunde, Mitreisenden auf dem Weg ins Leben, in die Gegenwart, ins Glück.

Nicht zuletzt danke ich der Stimme der Inspiration, die immer wieder zur Stelle war und mich daran erinnerte, wer eigentlich wirklich die Bücher schreibt.

...and the angel of imagination
Opened up my gate,
She said come right in
I saw you knocking with your heart.
Van Morrison

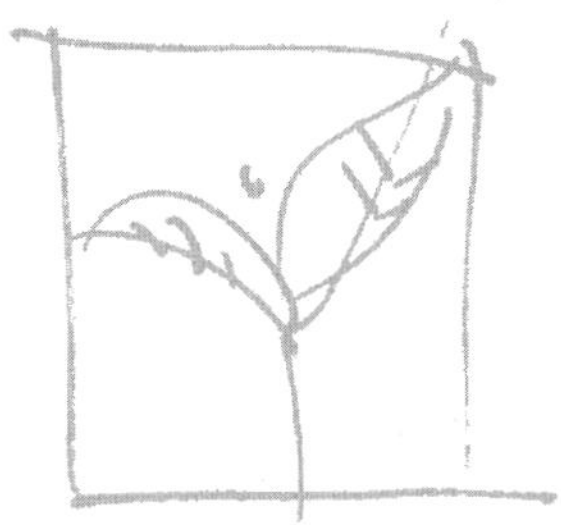

Weitere Informationen
zur Autorin und ihrer Arbeit:
www.cbolam.com

Literaturhinweise

Alle Bücher dieser Welt
bringen dir kein Glück,
doch sie weisen dich geheim
in dich selbst zurück.
Hermann Hesse

Viele Bücher, die mein Leben bereichert und meinen Horizont erweitert haben, entdeckte ich am Ende von Werken, die mich inspirierten – in den Literaturhinweisen.
Vielleicht kann Ihnen diese kleine Liste ebenso weiter helfen.

Glück und Erfolg

Pietro Archiati, „Macht oder Menschlichkeit". DreiEins Verlag, Bielefeld, 2000. (besonders zum Thema Geld).

Deepak Chopra, „Die sieben Gesetze des Erfolgs". Heyne Verlag, München, 1996.

Gottfried Honnefelder, „Vom Glück" (Anthologie). Insel Verlag, Frankfurt am Main, 1986.

Dalai Lama, „Der Weg zum Glück". Herder Verlag, Freiburg im Breisgau, 2002.

A.M. Maier, Ernst Schrott, „Glück und Erfolg sind kein Zufall". J. Kamphausen Verlag, Bielefeld, 2002.

Paul Watzlawick, „Anleitung zum Unglücklichsein". Piper Verlag, München und Zürich, 1988.

Zeitlose Weisheit

Andrew Harvey, „Die Lehren des Rumi – Weisheiten des Herzens". DTV, München, 2001.

Willigis Jäger, „Geh den inneren Weg". Herder Verlag, Freiburg, 1999.

Rumi, Jelaluddin, „This Longing". Threshold Books, Putney, Vermont, 1998.

Meister Ryokan, „Alle Dinge sind im Herzen". Herder Verlag, Freiburg, Basel, Wien, 1999.

Seneca, „Vom glücklichen Leben". Insel Taschenbuch, Frankfurt am Main,1984.

LAO TSE, „Führung und Kraft aus der Ewigkeit". Insel Taschenbuch, Frankfurt am Main, 1985.

Der Weg des Herzens

Eileen Caddy, „Herzenstüren öffnen". Greuthof Verlag, Gutach i. Breisgau, 1989.

Pema Chödrön, „Beginne, wo du bist". Aurum Verlag, Braunschweig/Bielefeld, 1995.

Pema Chödrön, „Wenn alles zusammenbricht". Goldmann Verlag, München, 2001.

Paul Ferrini, „Stille im Herzen" und „Rückkehr nach Eden". Aurum Verlag, Bielefeld, 2000.

Klaus Lange, „Herz, was sagst du mir?". Kreuz Verlag, Stuttgart, 1991.

Lynn A. Robinson, „Divine Intuition". Dorling Kindserley Publishing, London, 2001.

Eckhart Tolle, „Jetzt! Die Kraft der Gegenwart". J.Kamphausen Verlag, Bielefeld, 2000.

Chögyam Trungpa, „Der Mythos Freiheit und der Weg der Meditation". Theseus Verlag, Zürich, 1989.

Menschliche Entwicklung

Julia Cameron, „Der Weg des Künstlers". Droemer Knaur, München, 1996.

Debbie Ford, „Die dunkle Seite der Lichtjäger". Goldmann Verlag, München, 1999.

Sandra Maitri, „Neun Porträts der Seele". J. Kamphausen Verlag, Bielefeld, 2001.

Peter Russell, "Quarks, Quanten und Satori", J. Kamphausen Verlag, Bielefeld, 2002.

Virginia Satir, „Vitamin L". Integral Verlag, Wiesbaden, 1992.

Virginia Satir, „Kommunikation, Selbstwert, Kongruenz". Junfermann-Verlag, Paderborn, 1990.

Martin Siems, „Dein Körper weiß die Antwort". Rowohlt Verlag, Reinbek, 1986.

Beziehungen

Gay und Kathleen Hendricks, „Liebe macht stark". Mosaik Verlag, München, 1992.

Eva Pierrakos, „Bereit sein für die Liebe". Synthesis Verlag, Essen, 1997.

John Welwood, „Durch Liebe reifen". DTV, München, 2002.

John Welwood, „Dem Herzen folgen". Droemer Knaur, München, 1996.

Das innere Kind

Alice Miller, „Am Anfang war Erziehung", „Du sollst nichts merken", „Das Drama des begabten Kindes". Alle: Suhrkamp Verlag, Frankfurt am Main, 1983.

Erika J. Chopich und Margaret Paul, „Aussöhnung mit dem inneren Kind". Bauer Verlag, Freiburg, 1993.

Weitere Quellen

Viktor Frankl, Zitat aus: Honnefelder, „Vom Glück", (s.o.)

Erich Fromm, „Die Kunst des Liebens". Econ Taschenbuch Verlag, München, 2000.

Zbginiew Herbert, „Inschrift – Gedichte". Bibliothek Suhrkamp, Frankfurt am Main, 1979.

Rosa Luxemburg in „Briefe aus dem Gefängnis". Zitiert in Honnefelder, „Vom Glück". (s.o.)

Brian Swimme, „Das Universum ist ein grüner Drache". Claudius Verlag, München, 1991.

Pyar Troll

NICHTS

Dies ist ein Buch über Wahrheit, über Erwachen, über Erleuchtung. Es ist jedoch keine theoretische oder philosophische Erörterung von Ideen, sondern ein Bericht aus erster Hand. Alles, was hier geschrieben wurde, ist nicht die Wiedergabe toten Wissens, sondern ist lebendig, frisch und neu. Es ist die persönliche Geschichte einer Frau, die zeitlebens nach der Wahrheit fragte.

Pyar Troll: Reise ins NICHTS
240 Seiten | ISBN 3-933496-46-2

Eine deutsche Mystikerin lehrt die Essenz der Religionen – hier und heute. Sie spricht aus der inneren Autorität eines Wissens, das sich nicht zwischen zwei Buchdeckel einsperren lässt. Und doch ist dieses Buch eine Schatztruhe. Wer es aufschlägt, wird an der Hand genommen, um Frieden und Stille zu erfahren und im Alltag umzusetzen.

In diesen Gesprächen mit Suchern und Schülern herrschen Klarheit, Wärme, absichtslose Kraft, Freude ohne Grund, und Liebe, klar und mitfühlend, unbegrenzt und bodenständig.

Pyar Troll: Poesie der Stille – Tanz des Lebens
320 Seiten | ISBN 3-933496-66-7

J. Kamphausen www.weltinnenraum.de

Barbara Vödisch
Einfach Sein
SPIEL DER ERKENNTNIS